장원삼 서명

SBS <SBS스페셜-어디에나 있었고, 어디에도 없었던 요한, 씨돌, 용현 1부, 2부>
Copyright ⓒ SBS
이 프로그램의 단행본 저작권은 SBS를 통해
저작권 이용 허락을 받은 주식회사 가나문화콘텐츠에 있습니다.
저작권법에 의해 보호를 받는 저작물이므로 무단 전재와 무단 복제를 금합니다.

어디에나 있었고, 어디에도 없었던

요한
씨돌
용현

Prologue
한 사람

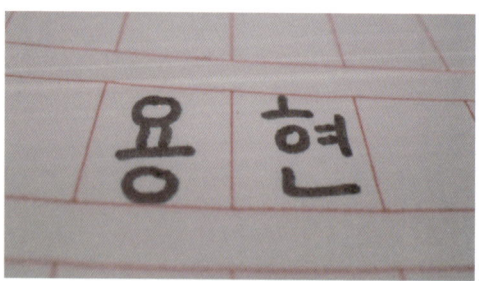

한 사람이 있습니다.

그는 불의를 참지 않는 뜨거운 가슴을 가졌습니다.

한 사람이 있습니다.

모두가 받으려고 할 때,
그는 주는 사랑을 합니다.

수없이 많은 사람을 만나고 헤어지는 가운데,
누군가는 그를 기억하고
누군가는 그를 잊어버립니다.

오래도록 기억되길 바라는 세상에서
잊히는 걸 겁내지 않는 사람.

세 개의 이름에 담긴
세 가지의 삶을 들여다봅니다.

Contents

프롤로그. 한 사람 4

| 1장. 산골 마을에 사는
| 괴짜 자연인

정선 봉화치 마을의 봄 18
봉화치의 괴짜, 씨돌 24
자연의 친구 30
씨돌의 보물상자 36
봉화치 지킴이 44
봉화치를 떠나다 54
씨돌을 기억하는 사람들 60

★★ 아저씨와의 인연 66

2장. 의문의 죽음을 당한 청년들을 돕다

아들의 억울한 죽음, 웃음을 잃은 노모 82
죽음 뒤 벌어진 수상한 일들 90
안방으로 숨어든 남자 94
진실을 위해 백방으로 뛰어다니다 100
국회로 간 정연관 상병 사망 사건 108
통한의 십칠 년 116
한울삶 그리고 요한 122

3장. 어디에나 있었고
어디에도 없었다

6월의 명동성당 138
두들겨 맞는 일을 자처하다 148
서울 한복판에서 마주한 씨돌 154
한 사람이라도 더 살리기 위해 162
씨돌은 요한이었다 170

4장. 세 개의 이름에 담긴
세 개의 초상

예상치 못한 곳에서 만나다 184
용현이 요한이 된 이유 190
요한이 씨돌이 된 이유 196
시인이 되다 206
십오 년 만의 재회 214
인간으로서 당연한 일 224

5장. 밤하늘에는
    빛나지 않는 별이
    더 많다

일본에서 찾은 퍼즐의 마지막 조각 240
아! 소리 없이 착한 사람들 246
** 그가 꿈꾼 세상을, 우리 모두가 252

에필로그. 땅속의 잔뿌리들이 있기에
          꽃이 핀다 258

1장

산골 마을에 사는
괴짜 자연인

누군가는 그를 산신령이라고 했습니다. 또 다른 누군가는 괴짜라고도 했습니다. 서슴없이 옷을 벗어 던진 채 맨발로 산속을 누비는 자유로운 영혼, 그가 바로 씨돌입니다. 강원도 정선 해발 팔백 미터의 깊은 산속에서 씨돌은 삼십 년간 자연의 친구로 살아왔습니다.

"제초제를 주려고 하니까 도롱뇽 죽는다고 주지 말라고 난리를 폈다고, 씨돌 아저씨가. 난 그 아저씨 그렇게 소리 지르는 거 처음 봤어요." (김선옥/봉화치 인근 마을 주민)

"그 아저씨는 모든 것이 다 친구여. 개구리도 친구, 가재, 도롱뇽, 뱀 이런 것도 보면 그냥 친구 삼아. 만져보고 얼마나 예뻐하는지 몰라." (배옥희/봉화치 마을 주민)

씨돌의 집 앞 텃밭에는 당근, 배추, 옥수수들이 자랍니다. 그런데 자세히 살피지 않으면 그저 잡풀만 무성한 앞마당 그 이상, 이하도 아닙니다. 마을 주민들은 잡초도 뽑고 비료도 줘서 밭을 가꾸라고 지청구지만 씨돌은 자신만의 농사 철학이 있다고 합니다.

"풀을 안 뽑아. 같이 키워. 같이 키워서 풀을 헤치며 채소를 뜯어 먹잖아. 그렇게 해야 자연산이라고……."
(배옥희/봉화치 마을 주민)

"이건 자연의 질서거든. 자연에서는 저절로 흙이랑 풀이랑 같이 다 자랐단 말이야, 옛날에는. 이게 진짜배기 자연의 질서라고. 우리 사람이 볼 땐 무질서 같아 보이지만."
(김씨돌/2012년 인터뷰 중)

씨돌은 농약이나 비료를 전혀 쓰지 않는, 말 그대로 자연농법을 실천합니다. 열매와 채소는 그 크기도, 생김도 볼품없지만 씨돌은 자연에 감사하는 마음으로 수확합니다. 그리고 고마운 사람들과 나누어 먹습니다. 그를 아는 사람들은 씨돌을 조건 없이, 이유 없이 자신이 가진 모든 것을 내주던 따뜻한 사람으로 기억합니다. 씨돌은 받는 것보다 주는 것을 늘 당연하게 여깁니다.

"언제부턴가 씨돌 씨가 저희한테 뭔가 보내주시는 거예요. 우리는 '보물 상자'라고 그러는 상자예요. 여기에 보물 같은 게 들어 있죠. 조금 오종종하지만, 완전 유기농인 채소들이에요. 거기에 꽃도 이렇게 보내주시는 거예요. 누군가 우리에게 꽃을 준다는 건 기분 좋은 일이잖아요."
(이태호/참여연대 정책위원장)

"씨돌 아저씨는 마음이 순해서 항상 웃는 얼굴이고, 누구한테 화낼 줄도 모르고 참 인정이 많았어. 언젠가는 내가 '아이고 이제는 자꾸 나이 먹어서 큰일이야' 그러니까 '이 꽃을 꽂으면 한 십 년은 젊어질 거예요' 이러면서 꽃을 따다 꽂아주고 그러더라고." (배옥희/봉화치 마을 주민)

정선 봉화치 마을의 봄

그곳의 봄은 유독 더디 옵니다. 강원도 정선군 북평면, 하늘에 더 가까운 해발 팔백 미터에 위치한 작은 마을, 봉화치입니다. 산중턱에 자리 잡은 마을이다 보니 봄기운이 산 아래보다 느릿느릿 찾아오는데, 4월 말이 되어서야 나뭇가지에 새순이 돋아나고 5월 중순이 되어야 비로소 꽃봉오리들이 터집니다.

봉화치는 불을 피워 소식을 알리던 봉수대가 있는 곳을 일컫는 말인데, 현재까지 봉화치라는 지명이 남아 있는 곳은 충청도와 전라도 그리고 이곳 봉화치 마을, 이렇게 세 곳뿐입니다. 특히 정선의 봉화치 마을은 한국전쟁 당시에도 피해에서 벗어날 수 있었는데, 마을

이 워낙 인적이 드문 산속에 숨어 있다 보니 북한군이 찾지 못해서라고 합니다.

예부터 사람의 발길이 잘 닿지 않는 곳이다 보니 청정 자연이 비교적 잘 보존되어 있습니다. 마을 한가운데에 있는 희귀한 고산 습지에는 잉어와 붕어 떼가 유유히 헤엄을 치고, 옹달샘에는 보호종인 도롱뇽과 개구리, 가재가 모여 삽니다. 사람 대신 동물들이 봉화치 마을의 주민이라는 말이 있을 정도입니다. 실제로 봉화치에서 발견되는 동물의 개체 수가 주민 수보다 훨씬 많습니다. 과거에도 가구 수가 많지 않은 소담스러운 마을이었지만 주민들이 하나둘 외지로 떠나면서 지금은 겨우 세 집이 남아 마을을 지키고 있습니다.

이곳에서 우리가 만난 배옥희 할머니는 봉화치의 터줏대감이라 불립니다. 아버지 대부터 이 마을에 들어와 살기 시작해 이곳 봉화치에서 나고 자랐기 때문입니다. 성장 과정을 오롯이 보낸 고향에서, 넉넉지는 않아도 대가족을 먹여 살렸던 선친의 감자 농사를 이어받은 할머니는 아버지의 유산을 지키고 있는 셈입니다.

집안의 유산은 할머니의 밥상에도 남아 있습니다. 봄이 되면 빠지지 않고 밥상에 오르는 음식들에서 가풍을 엿볼 수 있습니다. 봉화치 마을에서 나는 청정 자연을 이용해 밥상을 꾸리는 것인데, 산비탈에서 나는 두릅에 밀가루 옷을 입힌 뒤 바삭하게 튀겨 내고, 마을 곳곳에 만발한 민들레에 콩가루를 잔뜩 묻혀 국을 끓이는 것입니다. 옥희 할머니는 어린 시절부터 봄이 되면 두릅 튀김과 민들레 국을 꼭 먹어왔다고 합니다. 봉화치에서 봄을 맞이하는 일종의 의식인 셈입니다.

할머니의 밥상에 빠질 수 없는 게 또 있습니다. 봄에만 맛볼 수 있다는 거위 알 부침입니다. 혼자 지내는 게 적적해서 거위 가족을 들였는데, 거위는 봄철에만 알을 낳기 때문에 신선한 거위 알 부침은 오직 봄에만 먹을 수 있다고 합니다. 일반 달걀에 비해 세 배 정도 크기 때문에 거위 알 하나만 먹어도 배가 부릅니다.

마당 툇마루에 앉아 봉화치 마을에 대해 설명하던 옥희 할머니가 씨감자를 고르기 시작합니다. 봄의 문턱에서 갑작스럽게 폭설이 내리는 바람에 파종이 늦어졌는데, 더 늦어지면 한 해 농사를 망치게 생겼다며 손길을 재촉합니다. 쌀자루 하나를 가득 채울 정도로 많은 양의 씨감자를 매년 심고 키운다는 할머니는 경사진 밭에 농기계를 사용할 수가 없어서 일일이 손으로 작업한다고 합니다. 쟁기로 밭을 갈아 씨감자를 한 줌씩 나란히 흙 속에 묻습니다. 봄 햇살을 맞아 살며시 올라오는 흙냄새 위로 할머니의 가쁜 숨소리가 나지막이 퍼집니다.

옥희 할머니는 감자 농사를 지을 때면 생각나는 사람이 있다고 합니다. 감자를 심을 때부터 수확할 때까지 할머니 곁에서 일손을 거들던 사람. 할머니가 수확한 감자를 소쿠리에 내주면 한가득 쪄낸 옥수수를 다시 담은 뒤 집 앞에서 꺾은 향긋한 들꽃 한 송이를 그 위에 얹어 내밀던 사람.

그의 이름은 씨돌입니다.

봉화치의 괴짜, 씨돌

그가 어디서 왔는지, 무슨 일을 하는 사람인지 모른다고 했습니다. 정선 사람들은 그가 삼십 년 전 어느 날 갑자기 마을에 나타나더니 봉화치에 정착해 살기 시작했다는 것과 자신을 '씨돌'이라고 소개했다는 것 외에는 아는 것이 거의 없다고 입을 모읍니다.

씨돌이 정선에 처음 등장하자, 사람들의 시선은 순식간에 외지에서 온 '수상한 남자'에게로 쏠렸습니다. 무엇보다 범상치 않은 그의 모습을 보면 눈을 뗄 수 없었는데, 머리칼과 수염은 덥수룩하고 오래되어 낡은 옷차림에 신발도 잘 신지 않을뿐더러, 한여름에는 옷을 제대로 걸친 날이 별로 없을 정도였다고 합니다. 쉽게 말해 부랑자 행색을 하고 있었던 것입니다.

성격도 유별나서, 조선시대도 아닌 요즘 세상에 지게를 짊어지거나 봇짐을 메고 봉화치 마을에서부터 읍내까지 왕복 세 시간 거리를 걸어 다니기 일쑤였습니다. 행여나 마을 사람들이 차를 타고 가다가 그를 발견해서 목적지까지 데려다 주겠다고 해도 한사코 거절하곤 발걸음을 옮겼다고 합니다. 실제로 그는 몸이 아파서 걷지 못할 정도가 되거나 겨울에 눈이 많이 내린 경우가 아니면 늘 걸어 다닙니다.

봉화치에 정착한 지 오래지 않은 어느 날부터 정선에는 씨돌에 대한 이상한 소문이 돌기 시작했습니다. 사람들이 그에게 어디서 왔는지, 직업은 뭔지, 어떻게 봉화치로 오게 됐는지 등을 물으면 씨돌은 별말 없이 씩 웃으며 극도로 말을 아꼈고, 간혹 물음에 답을 하더라도 엉뚱한 이야기를 해서 제정신이 아닌 사람처럼 보이기도 했습니다. 그러면서도 은근히 아는 게 많고 그의 말에서 소양이 풍부하다는 걸 느낀 주민들은 씨돌이 참으로 의뭉스러운 사람이라고 여겼습니다. 그 때문인지 한때 주민들 사이에서는 씨돌이 남파간첩일지도 모른다는 소문이 돌기도 했고, 경찰에 잡혀가 조사를 받고 나왔다는 이야기도 있었습니다. 그 탓에 마을 사람들은 씨돌의 범상치 않은 모습과 행동을 경계하고 그를 멀리했습니다.

그러던 사람들이 어떻게 그에 대한 경계심을 풀게 된 걸까요? 우리는 그 점이 궁금했습니다. 아는 거라고는 이름밖에 없는 낯선 이를 어떻게 '우리 정선 사람' 또는 '정선의 명물'로 받아들일 수 있었던 걸까요? 우리는 그 답을, 이곳 주민들을 만나 이야기를 들으면서 비교적 쉽게 찾을 수 있었습니다.

읍내에서 만난 상인들은 씨돌을 한마디로 이렇게 정의합니다. '참 좋은 아저씨'. 봉화치에서부터 뚜벅뚜벅 걸어 내려오는 씨돌과 마주칠 때마다 그는 상인들에게 늘 기분 좋은 말을 해주고, 때로는 길가의 들꽃을 꺾어다가 단골 가게 상인들에게 선물했습니다.

삼십 년이라는 세월 동안 씨돌과 주민들이 수없이 마주하다 보니 서로에게 익숙해졌기 때문도 있겠지만, 평범하지 않은 겉모습 속 진짜 그의 모습을 알게 되면서 그를 받아들이게 된 것입니다. 그러는 사이 오해는 사라지고 이해가 찾아왔습니다.

봉화치에서 내려오는 법이 잘 없는 그가 굳이 걸어서 읍내까지 왕복 세 시간 거리를 오가는 이유는 정선 오일장에 가기 위해서입니다. 볼거리가 많은 장터를 구경하기도 하고 산중 생활에 필요한 물건들을 구입하기도 하는데, 장에서 봉화치로 돌아올 때면 그의 손에 소소한 주전부리가 빠지지 않고 들려 있습니다. 씨돌이 윗집에 사는 옥희 할머니에게 줄 간식을 사오는 것입니다.

어떤 날은 호떡, 어떤 날은 뻥튀기를 접시에 소박하게 담은 뒤, 빼놓지 않고 꽃을 얹어서 옥희 할머니에게 쑥스럽게 내밀고는 금세 집으로 내빼버리는 것입니다.

그럼 옥희 할머니는 감사의 뜻으로 평소 씨돌이 좋아하는 짜장면을 만들어 한 사발 푸짐하게 냅니다. 씨돌이 휴대전화는 커녕 집에 있는 유선전화도 잘 받지를 않아 옥희 할머니가 씨돌을 부를 때면 늘 마당에 나가 이렇게 목청껏 소리치는 것밖에 방법이 없습니다.
"씨돌 아저씨! 와서 짜장면 먹어요!"

정선 사람들은 씨돌과 옥희 할머니를 윗집 아랫집 사는 봉화치의 이웃사촌이라고 말하지만, 둘의 관계를 네 음절의 단어에 가둬두기에는 부족함이 있습니다. 아무리 풍광 좋고 산세가 좋은 마을이라지만 해발 팔백 미터의 산속에서, 주민이라고는 세 집밖에 없는, 허전하다 못해 썰렁한 산촌에서 지내기란 쉽지 않은 일입니다. 씨돌과 옥희 할머니는 허전하고 쓸쓸한 봉화치 마을에서 서로의 집으로 마실을 다니며 먹을 것을 나누고, 두런두런 사는 얘기도 나누는 일명, '베프'입니다. 그러면서 건강은 어떤지, 간밤에 무슨 일이 있지는 않았는지 살뜰히 챙기며 시로 믿고 의지하는 '가족'이기도 합니다. 참

아이러니한 건, 두 사람은 '앙숙'이기도 하다는 것입니다. 만나기만 하면 투닥투닥 입씨름하기 일쑤기 때문입니다.

이를테면, 옥희 할머니가 수풀 우거진 씨돌의 앞마당을 정리하라면서 무성히 자라난 잡초를 뽑을라치면, 씨돌은 그냥 놔두라면서 큰소리를 내곤 합니다. 반대로 씨돌은 옥희 할머니의 농사 방식이 영 맘에 들지 않는다며 투덜거립니다. 수확철이면 옥희 할머니를 도와 감자를 열심히 캐다가도 갑자기 일손을 놓고는 밭 위에 주저앉아 갓 캔 감자를 씹으며 여유를 부리다가 옥희 할머니에게 지청구를 듣기도 합니다. 그러다가도 언제 다투었느냐는 듯이 각종 먹거리가 양쪽 집을 오가고, 서로의 건강을 염려하며 다음 날 아침이면 두 사람은 다시 활짝 웃으며 안부를 묻습니다.

그렇게 정선에 홍길동처럼 나타난 '수상한 사람' 씨돌은, 삼십 년이 지나는 사이 정선 봉화치라는 풍경화에서 빠질 수 없는 '괴짜 자연인'이 되어 있었습니다.

자연의 친구

"…자연은 나의 친구지. 개구리도 고라니도 새들도 내 친구고……."

어린 시절, 글짓기 시간이나 일기를 쓸 때 한 번쯤 써봄 직한 글귀입니다. 동요 가사 같기도, 동화책의 한 구절 같기도 한 이 동심 어린 문장은 씨돌이 봉화치의 생활에 대해서 우리와 인터뷰를 하던 중에 했던 말입니다. '자연은 내 친구'라고 서슴없이 말할 수 있는 1953년생의 중년 남자, 다소 유치하다 여길 수도 있지만 그래서 오히려 순수함이 묻어나는 사람, 그가 바로 씨돌입니다.

한 TV 프로그램의 영향으로 지금은 흔한 말이 돼버렸지만, 우리가 씨돌을 처음 만났던 2012년만 해도 '자연인'은 낯선 표현이었습니다. 그 당시에 씨돌은 이미 정선 바닥에서 '봉화치의 자연인'으로 불리고 있었으니, 그야말로 원조 자연인이라고 할 수 있겠습니다. 씨돌에게 이런 별명이 생긴 이유는 그의 유별난 자연 사랑 때문입니다.

씨돌의 절친, 옥희 할머니가 수년 전 어느 날을 떠올립니다. 좀처럼 화내는 일이 없는 그가 울그락불그락한 한 얼굴로 할머니의 집 마당 툇마루에 털썩 앉더랍니다. 정확히 무슨 일 때문인지는 몰라도, 씨돌이 하소연을 하기 위해 자신을 찾아왔다는 걸 진즉에 알아챈 할머니가 씨돌의 기분을 살피며 조심스럽게 무슨 일이냐고 물었습니다.

그러자 마을 옹달샘에 누군가 쓰레기를 몰래 버리고 갔다는 것입니다. 쓰레기 때문에 옹달샘이 오염돼서 이곳에 사는 가재며 도롱뇽, 개구리들이 숨을 못 쉬어서 죽기라도 하면 어쩌려고 그런 배워 먹지 못한 짓을 하느냐며 울분을 토하더니, 성이 풀리지 않는지 본인의 집으로 씩씩대며 내려가 버리더랍니다. 그리고 다음 날 오후가 될 때까지 집 밖으로 나오지 않았다고 합니다.

씨돌이 말하는 옹달샘은 지름이 일 미터 남짓 되는 작은 물웅덩

이인데, 이곳에 개구리는 물론 일급수에서만 산다는 가재며 도롱뇽이 삽니다. 봄이 되면 다람쥐들도 옹달샘 옆 나무 위에서 먹이질을 하고, 밤이 되면 고라니들이 조심스럽게 찾아와 물을 마시고 가기도 합니다. 작은 옹달샘이지만 봉화치의 자연이 고스란히 담겨 있는 보고라 해도 과언이 아닙니다.

옥희 할머니는 씨돌이 그 옹달샘을 얼마나 아끼는지 잘 압니다. 한번은 옹달샘에 도롱뇽이 한 마리만 보인다면서, 혼자 외로울 것 같다며 어디선가 도롱뇽 한 마리를 구해다 넣어주었습니다. 옹달샘에 쭈그리고 앉아 뭔가를 하고 있어서 다가가 보니 도롱뇽을 들여다보며 연신 "예쁘다, 예쁘다" 하고 속삭이더랍니다.

한겨울이 되면 자연인 씨돌은 더욱 바빠집니다. 그는 동이 트지도 않은 이른 새벽부터 묵직한 가방을 짊어지고 눈이 수북이 쌓인 봉화치 산을 올랐습니다. 사람이 다니지 않는 험한 산속으로만 찾아다니는데, 카메라를 들고 호기롭게 따라나선 우리는 눈길에 미끄러지고 넘어지기를 수차례 해야만 했습니다.

그렇게 가파른 산비탈을 한 시간가량 올라가니, 경사가 완만하고 고즈넉한 작은 평지가 나타납니다. 대체 씨돌은 산속에 숨어 있는 이런 곳을 어떻게 속속들이 알고 있는 걸까, 놀랍기도 하고 신기하기도 합니다.

 그곳에서 그는 배낭 속 물건들을 재빨리 꺼내 놓습니다. 그가 내놓은 건 자신이 직접 키운 과일과 채소 그리고 곡식들입니다. 강원도의 혹독한 겨울을 나야 하는 봉화치의 야생동물들에게 먹이를 가져다준 것입니다. 그는 자신의 집 앞마당에 자그마하게 농사를 짓는데, 수확량은 얼마 되지 않습니다. 재배하는 동안 동물이나 곤충들이 작물을 갉아 먹으면 오히려 맛있게 먹으라며 내버려두었다가, 동물들이 먹고 남은 것들을 수확하기 때문입니다. 그마저도 겨울철이면 산속 동물들에게 베푸느라 씨돌의 곳간은 넉넉함과는 거리가 멉니다.

 굳이 깜깜한 새벽에 먹이를 가져다주는 이유 역시 사려 깊습니다. 행여 인기척에 동물들이 놀라지는 않을지, 자신의 모습을 보고 멀리 도망치다가 혹여 몸 상하지는 않을지 염려스러워 해뜨기 전에 아무도 모르게 먹이를 두고 오는 것입니다. 우리가 만났던 봉화치 마을 주민 송재갑 씨는 씨돌이 빗자루를 들고 산속으로 걸어 들어가는 모습을 자주 봤다고 했습니다. 겨우내 굶주린 탓에 지쳐 있을 고라니들이 사냥꾼들에게 잡힐까 봐, 눈 위에 찍힌 고라니 발자국들을 빗자루로 쓸면서 지우고 다닌다는 것입니다.

씨돌은 한여름은 물론 옹달샘이 꽁꽁 얼어붙을 정도로 추운 한겨울에도 옷을 훌렁훌렁 벗고 봉화치를 누비곤 합니다. 그를 모르는 사람들은 그 모습을 보고 제정신이 아니라며 손가락질을 하거나 지독한 괴짜라고 혀를 끌끌 차기도 합니다. 그는 봉화치의 자연을 가장 자연스러운 모습으로, 자신의 피부로 직접 느끼고 싶다고 말합니다.

한번은 그가 우리에게 보여줄 게 있다며 웃옷을 벗은 채 눈 쌓인 앞마당에 드러누운 적이 있습니다. 배 위에는 그가 수확한 쌀 몇 알을 올려 두었습니다. 시간이 얼마나 지났을까요? 어디선가 쇠박새들이 날아오더니 맨살을 드리운 그의 배 위에 앉아 쌀알들을 쪼아먹기 시작했습니다. "봉화치 중턱에 가면 모이 맛집이 있어"라며 약속이나 한 듯, 새들은 그를 경계하지 않고 매우 익숙하게 모이를 먹고는 어디론가 날아갑니다.

새들의 날갯짓이 일으키는 희미한 바람, 맨살 위에 닿는 작은 발바닥, 그리고 쌀알을 쪼아 먹는 부리의 감촉. 씨돌에게는 이것이 바로 사는 맛입니다.

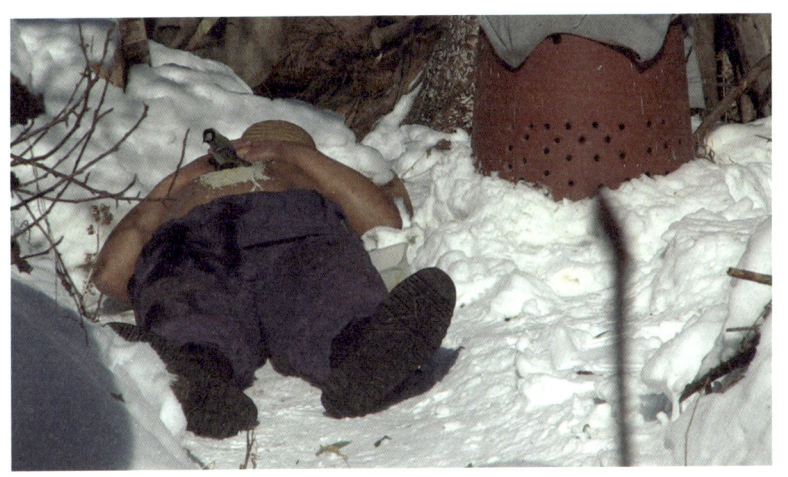

"새들의 촉감을 느껴보면 느낌이 굉장히 기분 좋아.
간지럽혀주고 부리로 쪼아주면 온몸이 막 날아가는 기분이야.
나도 막 새가 돼서 펄럭펄럭 날아다니는 거야."

(김씨돌)

씨돌의 보물상자

봉화치 산중 생활을 하는 삼십 년 동안 씨돌이 고집스럽게 지켜온 것이 있습니다. 바로, 씨돌표 농사법입니다. 앞에서 언급한 바 있듯이, 그는 집 앞마당을 텃밭으로 일구어 배추나 무, 당근 같은 채소를 키우는데, 사람들은 그의 농사법을 일컬어 '저절로 농법'이라고 부릅니다. 씨앗을 심고 수확할 때까지 농작물이 스스로 알아서 자라도록 놔둔다는 뜻에서 붙여진 이름입니다.

'저절로 농법'에서 무엇보다 중요한 것은 비료를 쓰거나 잡초를 뽑거나 벌레 먹는 것을 막기 위해 농약을 치는 등의 작업을 일절 하지 않는다는 것입니다. 흙도, 잡초도, 벌레도 모두 생명이기 때문에 결코 이들을 해치는 일을 해서는 안 된다는 게 씨돌의 철학입니다.

그는 사람의 손이 닿지 않아도 자연이 알아서 밭일을 해준다고 합니다. 사람의 쟁기질 대신 지렁이가 밭을 일구고 농약 대신 거미가 해충을 처리해주는 이것이 바로 자연의 섭리라고 말합니다. 심지어 씨돌은 봉화치 산길에서 맞닥뜨린 뱀을 포획해 자신의 밭에 풀어주기도 하고, 땅속에서 발견한 지렁이들에게 큰절을 올리기도 합니다. 덕분에 수확물을 얻을 수 있다는 감사의 표현입니다.

씨돌의 밭은 겉으로 보기에는 밭이라기보다 마구 웃자란 수풀이 한 데 뒤엉켜 있는 버려진 땅에 가깝습니다. 수풀 때문에 마당 너머 씨돌의 집이 보이지 않을 정도입니다. 옥희 할머니가 밭 좀 가꾸라며 잔소리하는 것도 이런 이유에서입니다. 사실, 씨돌을 만나기 위해 우리가 봉화치 마을에서 그의 집을 처음 찾았을 때도 폐가인 줄 알고 함부로 발을 디뎠다가 멀쩡한 남의 밭을 망친다며 그에게 혼쭐이 나기도 했습니다.

농사를 짓는 그의 목적은 수확물들을 곳간에 두둑이 쟁여두고 넉넉한 겨울을 보내기 위함이거나, 상품성이 좋은 농작물을 내다팔아 이문을 남기기 위함이 아닙니다. 자급자족, 특히 봉화치의 온갖 동물들과 나누어 먹기 위해서라고 보는 게 맞습니다. 씨돌의 밭에서

"지렁이가 갈아놨기 때문에
손가락으로 파도 돼.
호미가 필요 없어."

(김씨돌)

는 벌레도, 뱀도 주인입니다. 깊은 산속에 사는 고라니들도 이따금 그의 밭을 찾아옵니다. 어차피 혼자 먹기에는 많은 양이라서 동물들이 먹어도 괜찮다며 껄껄 웃는 씨돌이지만, 동물과 자연을 사랑하는 그의 마음이 느껴집니다.

그의 텃밭에 사는 벌레들이나 봉화치의 동물들 외에 그의 농작물을 맛본 '사람들'이 있습니다. 정선 읍내에 있는 종묘 가게 주인이 대표적인데, 이곳은 씨돌이 농사를 짓기 전 각종 씨앗이나 모종을 구입하기 위해 꼭 찾는 곳입니다. 씨돌은 이곳에 갈 때면 반드시 지게를 챙기는데, 그 안에는 그가 수확한 농작물들이 한가득 실려 있습니다. 종묘 가게에서 파는 씨앗들과 교환하기 위해서입니다.

요즘 시대에 물물교환이라니, 자급자족하느라 호주머니 사정이 좋을 리 없는 씨돌의 형편을 종묘사 주인이 너그러이 이해하고 배려한 덕분입니다. 되레 그는 씨돌이 백 퍼센트 유기농으로 키운 농작물이 돈보다 훨씬 귀한 것 아니냐며 우리에게 반문합니다.

넉넉지 않은 봉화치 생활을 이어가면서도, 씨돌은 꾸준히 기부를 해왔습니다. 그중 대표적인 곳이 참여연대라는 시민단체입니다. 씨돌은 직접 재배한 농작물들을 간단한 메모와 함께 한 상자씩 꾸준히 보내왔습니다. 내용물은 매번 달라지는데, 어떤 날은 옥수수나

감자를 한 포대, 어떤 날은 당근과 무 등이었습니다.

그의 채소 꾸러미를 받은 관계자들은 이를 '보물상자'라고 부릅니다. 어떤 작물이 들어 있을지 상자를 열어보기 전까지는 알 수가 없고, 비록 작고 못생긴 채소들이지만 어디서도 구할 수 없는 귀한 것들이기 때문입니다. 단순한 채소 상자가 아니라 씨돌의 정성이 한가득 들어 있기에 받을 때마다 기분이 좋아진다고 합니다.

산골 마을에 사는 괴짜 자연인을 만나기 위해 봉화치를 찾았던 우리는 하루하루 지날수록 작은 것에 감사하고 작은 것 하나도 나누려 하는 따뜻한 사람 씨돌의 모습을 발견할 수 있었습니다. 우리가 마주하고 있는 그 사람이야말로 보물이었습니다.

여러분!
늘 감사합니다
항상 죄송하고…
별것은 아닌데 感謝
(그러나) 참 맛있어
많이 드세요
감사

봉화치 지킴이

강원도 정선에는 오래전부터 벌 농사를 해온 주민들이 있습니다. 특히 이곳에서는 서양종 꿀벌이 아닌 토종벌을 칩니다. 지자체에서 지역 주민들이 농사일 외에 부수입을 올릴 수 있도록 저렴하게 토종벌을 분양한 것입니다.

우리가 만난 이 지역 농민 김기용 씨는 할아버지 대부터 토종벌을 쳐왔다고 합니다. 많을 때는 벌통을 이백오십 통까지 둘 정도로 한봉(韓蜂)을 크게 했는데, 한 해에 여러 차례 꿀을 만드는 양봉과는 달리 한봉은 추석을 전후로 일 년에 딱 한 번만 꿀을 얻을 수 있다고 합니다. 그만큼 한봉 꿀은 귀하기 때문에 양봉꿀에 비해 가격이 높게 책정되어 있어서 벌 치는 일이 잘되면 농민들에게는 제법 쏠쏠한 수익원이 아닐 수 없습니다.

 그런데 지금은 정선에서 한봉을 하는 농민이 손에 꼽을 정도로 적어졌다고 합니다. 벌을 치더라도 전과는 비교할 수 없을 정도로 미미한 규모인데, 이마저도 잘되지 않아 거의 사라진 거나 다름없는 실정입니다. 한때 이 지역에서 성행했던 한봉이 위기에 처한 건 지금으로부터 약 이십여 년 전이었습니다.

 어느 날부터 토종벌들이 시들시들하더니 갑자기 죽기 시작했다고 합니다. 자고 일어나면 벌통 주변에 죽은 벌들이 잔뜩 쌓여 있었습니다. 새끼를 치지도 못할뿐더러, 밖으로 나갔다가 돌아오지 못하고 사라져버리는 벌들도 많았다고 합니다. 김기용 씨뿐만 아니라, 이곳의 거의 모든 벌 농가들이 같은 일을 겪었습니다. 원인을 알 길 없었던 농민들은 발만 동동 구를 뿐이었습니다.

 그때 농민들 앞에 나타난 사람이 씨돌이었습니다. 정선의 토종벌들이 이유 없이 죽어나간다는 소문을 듣고 봉화치에서 내려온 그는 농민들에게 자신이 원인을 찾아보겠다고 했습니다. 씨돌은 한봉 농가들을 찾아다니며 피해 상황이나 규모에 대해 조사를 했다고 합니다. 그리고 얼마 뒤, 피해 농민들을 다시 찾아온 씨돌은 토종벌들

이 떼죽음 당한 이유에 대해 조심스럽게 이야기를 꺼내놓았습니다. 벌들이 죽기 며칠 전, 기관에서 소나무 해충을 막기 위해서 헬기로 방제작업을 했는데, 그 약 성분 때문에 토종벌들이 변을 당한 것일 수 있다는 내용이었습니다.

김기용 씨를 비롯해 당시 피해 농민들은 방제작업에 사용됐던 헬기 기종과 약품 등의 자료를 방대하게 조사해온 씨돌의 모습을 기억합니다. 인터넷이 등장하기 전, 컴퓨터 사용도 대중적이지 않았던 시절이었습니다. 씨돌은 농민들의 피해 발생지역을 직접 그림으로 그리고 구체적인 농가 피해 내역과 함께 직접 탄원서를 작성해서 지자체와 관계 기관 측에 문제를 제기하고 손해 배상을 청구했습니다. 하지만 방제작업과 토종벌 죽음의 직접적인 연관성을 밝힐 수 없다는 이유로 씨돌과 농민들의 요구는 받아들여지지 않았습니다.

우리가 만난 농민들은 당시를 떠올리며 지금도 씨돌에게 고마움을 느낀다고 입을 모읍니다. 아무도 농민들의 목소리에 귀를 기울이지 않을 때, 씨돌은 농민들의 억울한 이야기를 들어준 유일한 사람이었습니다. 무려 이 년 동안이나 직접 발로 뛰며 자료를 수집하고 전문가들의 자문을 얻어 지자체에 문제 제기를 했다는 것입니다. 그 덕에 언론사에서 토종벌의 떼죽음과 방제작업의 연관성에 대해 의혹을 던지는 보도를 하면서 여론의 주목을 받기도 했습니다. 농민들은 이것만으로도 만족한다고 합니다.

　씨돌이 이토록 오랜 시간 이 문제에 깊이 관여했던 건 억울하게 피해를 입은 지역 농민들을 돕기 위함도 있지만, 무엇보다 토종벌을 살리기 위해서였습니다. 정선의 자연을 보호하기 위해 내 일처럼 발로 뛴 것입니다.

　우리는 씨돌을 특별한 사람으로 기억하고 있는 주민을 또 만날 수 있었습니다. 산림청 정선관리소 예찰단에서 산불을 감시하는 일을 하는 최승태 씨입니다. 산불감시 요원은 매일 오전 9시부터 저녁 6시까지 자신이 담당하는 산을 돌며 산불이 날 만한 위험 요소를 발견해 제거하거나 산불이 발생한 경우 재빨리 진화할 수 있도록 대처하는 일을 합니다. 산불감시 요원은 주민들의 지원을 받아 선발을 통해 운영되는데, 씨돌이 이 일을 오랫동안 해왔다는 것입니다.

　봉화치 마을이 자리 잡은 산의 공식 지명은 남산인데, 씨돌이 맡았던 곳이 바로 이곳입니다. 최 씨의 말로는 이십 년 넘게 남산에 불이 난 적이 없었다고 하는데, 씨돌이 산불감시를 해온 시기와 정확히 맞물린다고 합니다. 산불감시 일을 하려면 사람들이 다니는 길은 물론이거니와 험준한 임도(산림에 연결하여 시설하는 차도)까지 구석구석 누비며 산속을 살피고, 산 정상에 설치된 감시 초소에서 대기를 해야 하는데, 씨돌은 업무시간이 지나 깜깜한 밤이 되어도 산속에 혼자 남아 산을 지키는 경우가 많았다고 합니다. 위험한 상황이 생기는 것을 방지하기 위해 산불감시 일을 하는 요원들은 위치 추적이 가능한 GPS를 늘 갖고 다니는데, 밤이 되어도 씨돌은 산 정상의 산불감시 초소에서 꿈쩍하지 않았다고 합니다.

처음엔 그에게 무슨 일이 생긴 건 아닌지 관계자들이 잔뜩 걱정한 적도 있었고, 그의 건강이 염려돼 그만 내려오라고 말린 적도 있었지만, 그의 고집을 누구도 꺾지 못했습니다. 봉화치에서 산을 벗 삼아 사는 씨돌이 근무 시간과 상관없이 자발적으로 산을 지키려는 것을 알고 나서는 그를 마음 깊이 존경하게 됐다고 합니다.

그에게 산불감시 일은 돈을 버는 수단이 아니라 사명감을 갖고 지켜내야 하는 일이었던 것입니다. 당시 동료들 사이에서 불리던 씨돌의 별명은 '산신령'이었습니다.

"겨울에 눈이 오면, 고라니 같은 게 지나가잖아요.
그러면 누가 고라니(를) 따라가 잡을까 봐,
일부러 그 발자국 다 지운 사람이에요. 따라다니면서.
고라니가 어디로 갔는지 모르게. (웃음)
그런 사람이에요, 그 사람이."

송재갑 (불하치 마을 주민)

봉화치를 떠나다

 봉화치가 조용합니다. 개울에서 어린아이처럼 벌거벗고 멱을 감다가 신이 나서 깔깔대던 웃음소리도, 지붕 위에 가득 쌓인 눈을 쓸어내리다 흥에 겨워 "청춘을 돌려달라"며 부르던 노랫가락도, 옥희 할머니와 밭 가꾸는 일로 입씨름을 하는 소리도 더 이상 들리지 않습니다. 씨돌이 봉화치를 떠난 것입니다.

 그는 자신이 어디로 가는지 마을 사람들에게 알리지 않았습니다. 봉화치를 떠날 것이라는 분위기를 풍긴 것도 아닙니다. 2012년, 씨돌을 취재하기 위해 봉화치를 방문한 이후 칠 년여 만에 다시 이곳을 찾은 우리는 당시와는 너무도 달라져 버린 씨돌의 집을 보고 놀라지 않을 수 없었습니다.

　마구 웃자란 잡초들이 저마다 생명력을 뽐내며 뒤엉켜 있던 텃밭은 황무지가 되어 있고, 그가 언제 벗어놓은지 알 수 없는 낡은 고무신 한 짝과 밀짚모자가 마당을 굴러다니고 있었습니다. 집 안에는 물건을 챙길 여유도 없었던 건지 그의 짐들과 잡동사니들이 남겨져 있고, 그 위로 세월이 더께가 쌓이듯 먼지가 겹겹이 쌓여 있습니다.

　씨돌에 대한 이야기에, 그의 절친 옥희 할머니도 곁에 있을 때 더 잘해주지 못한 미안함과 아무 말 없이 사라져버린 것에 대한 서운함에 그저 조용히 눈물만 훔칠 뿐입니다.

　칠 년 만에 우리가 그의 발자국을 따라가 보기로 한 건, 그의 행방이 궁금하거나 그의 근황을 알아내기 위해서라기보다, 봉화치를 그토록 사랑했던 그가 갑자기 이곳을 떠났다는 것이 믿기지 않았기 때문이었습니다. 씨돌을 만나서 그 이유를 직접 듣고 싶었습니다.

　봉화치 마을 사람들과 정선 사람들에게 '봉화치' 하면 단연코 떠오르는 얼굴이자, 봉화치라는 풍경화를 비로소 완성해주었던 씨돌. 우리에게도 그의 부재는, 그림으로 치자면 빈센트 반 고흐의 유명한 작품 <별이 빛나는 밤>에서 별들이 사라진 것과 같고, 이중섭 화백의 <황소>에서 소가 사라진 것과 같았습니다.

그를 수소문하는 일은 가까운 곳에서부터 시작했습니다. 정선 주민들부터 만나보는 것이 순서였습니다. 직접 기른 농작물과 채소 씨앗들을 물물교환했던 종묘 가게 주인은 씨돌을 마지막으로 본 게 언제였는지 까마득하다고 말합니다. 읍내에 볼일이 있을 때마다 세 시간씩 걸어서 오고 갔던 씨돌은 읍내로 향하는 길에 지나치게 되는 종묘 가게를 빼먹지 않고 들러서 주인에게 안부를 묻거나, 봉화치에서 내려오는 길에 꺾은 들꽃을 손에 한 다발 쥐여준 뒤에야 가던 걸음을 재촉하곤 했습니다.

종묘 가게의 주인은 그가 나타나지 않은 지 제법 오래되었고 안 그래도 그의 행방이 궁금하던 차라고 합니다. 씨돌이 정선에 처음 나타났을 때 그의 정체에 대해 소문이 무성했던 것처럼, 그가 사라지고 난 지금도 씨돌에 대한 소문이 돌고 있었습니다. 그가 이미 사망했다거나, 다른 산으로 옮겨 갔다거나, 누군가에게 쫓겨 달아났다는 이야기도 들려옵니다. 그러나 그의 소식을 아는 이는 없었습니다.

씨돌이 채소 꾸러미 상자를 부치곤 했던 읍내 우체국 직원들은 뭔가 알고 있지 않을까? 그가 마지막으로 우체국을 찾았던 때가 언제인지 알면 봉화치를 떠난 시기를 가늠할 수 있을 것입니다. 하지만 당시 근무했던 직원은 이미 다른 지역으로 옮겨간 뒤였고, 현재 일하고 있는 직원은 과거에 씨돌이 출연했던 TV 프로그램으로만 그를 보았을 뿐, 우체국에서 직접 만나본 적조차 없다고 합니다.

    삼십 년 전 어느 날 바람처럼 갑자기 찾아왔듯이, 씨돌은 또다시 바람처럼 그렇게 사라져버렸습니다.

씨돌은
또다시 바람처럼
그렇게
사라져버렸습니다.

씨돌을 기억하는 사람들

우리는 의외의 곳에서 씨돌의 흔적을 발견했습니다. 누군가의 어렴풋한 기억 속에서, 또 다른 누군가의 추억 속에서 씨돌은 각기 다른 모습으로 남아 있었습니다.

도시에서 결혼해 그곳에서 가정을 이루고 살고 있는 옥희 할머니의 딸은 씨돌을 학생 시절부터 봐왔다고 합니다. 산속 마을에 홀로 계신 친정어머니가 걱정될 때마다 이웃사촌인 씨돌이 있어서 안심하곤 했답니다. 옥희 할머니의 손주들에게도 씨돌은 남다른 존재였습니다. 옥희 할머니의 손주들이 봉화치를 찾을 때면, 씨돌은 분주하게 움직였다고 합니다. 아이들에게 먹이기 위해 고구마며 옥수수를 쪄 내왔고, 그마저 여의치 않으면 산속의 꽃을 꺾어다 내밀곤 했습니다. 주머니 사정이 좋은 날에는 꾸깃꾸깃 쌈짓돈을 용돈으로 주기도 하던 그였습니다. 아이들에게 늘 "예쁘다, 사랑스럽다, 착하다"는 칭찬과 덕담을 아끼지 않았고, 저녁이 되면 모닥불을 피워 놓고 구성지게 노래를 불러주었다고 합니다. 조건 없이 목적 없이 늘 베풀기만 했던 사람, 그래서 옥희 할머니의 가족에게 씨돌은 미안함과 그리움의 또 다른 이름이 되어버렸습니다.

정선에는 천주교 공소가 있습니다. '공소'란 성당보다 작은 단위의 종교적 장소인데, 주말에는 교인들끼리 모여 미사를 드리거나 주말이 아니더라도 언제든지 와서 기도를 드릴 수 있도록 설치된 곳입니다. 공소를 관리하는 전제열 씨는 씨돌이 공소에 곧잘 나왔다고 말합니다. 성실한 신자는 아니었지만, 이따금 교우들의 모임에 참석하곤 했답니다. 씨돌의 교우 고종헌 씨는 자신의 집 앞 담장 공사를 한 적이 있는데, 씨돌이 두 팔 걷고 나서서 도왔다고 합니다. 그런데 며칠 뒤, "몸이 좋지 않아서 내일은 못 올 것 같으니, 몸이 좀 나아지면 다시 오겠다"고 말했는데, 그 뒤로 모습을 보지 못했다는 것입니다. 씨돌에게는 무슨 일이 생겼던 걸까요?

씨돌의 소식을 수소문하던 우리는 뜻밖에 정선 봉화치가 아닌 서울에서 그동안 모르고 있었던 씨돌에 대한 이야기를 들을 수 있었습니다. 시민단체 참여연대에 어느 날 뜻밖의 편지 한 통이 도착했습니다. 자신만의 '저절로 농법'으로 길러낸 채소 상자를 꾸준히 선물했던 씨돌이 보낸 편지였습니다. 봉투 안에는 봉화치에 있는 자신의 집과 땅을 기부하고 싶다는 내용의 손편지와 봉화치의 집과 땅문서가 들어 있었습니다.

부동산을 기부받아본 적이 없던 단체 관계자들은 씨돌이 무슨 이유로 자신의 집과 땅을 기증하려는 것인지 직접 만나 자세한 이야기를 들어보기로 했습니다. 봉화치로 직접 찾아간 이태호 참여연대 정책위원장은 씨돌의 집을 보고 놀랐다고 합니다. 겉은 폐가처럼 지저분하고 심지어 음산해 보이기까지 했는데, 집 안은 솔향이 은은하게 번지는 아늑한 공간이었다는 것입니다.

이 위원장과 단체 관계자들을 맞이한 씨돌은 편지에 담긴 내용처럼 자신의 집을 참여연대 활동가들을 위한 쉼터로 사용하도록 제공하고 싶다며 다시 한 번 기부 의사를 밝혔습니다. 그리고 의외의 이야기를 꺼냈는데, "돈을 갖는 게 무섭다"는 말을 했다는 것입니다.

참여연대는 부동산을 기부받아 본 적도 없을뿐더러, 활동가들을 위한 쉼터를 만드는 것이 과연 타당한가에 대해 숙고했습니다. 그 결과, 씨돌의 집과 땅을 기증받는 것은 단체의 운영 목적에 맞지 않는다는 판단을 내리고, 씨돌의 선한 뜻에 감사를 표하면서도 조심스럽게 고사를 할 수밖에 없었습니다.

이 이야기를 듣고 나니 더욱 궁금해집니다. 씨돌이 시민단체에 자신의 집을 기부하겠다는 편지를 보냈던 순간, 그는 이미 자신이 봉화치를 떠날 것을 염두에 두었던 걸까요? 그래서 자신을 대신해 봉화치의 자연을 지켜줄 누군가를 찾았던 걸까요?

참여연대 관계자들이 씨돌을 방문하고 난 얼마 후, 봉화치에는 그의 빈집만 덩그러니 남았습니다.

자신이 이곳에 없을 경우,
그를 대신해 누군가
봉화치의 자연을
지켜주길 바랐던 겁니다.

아저씨와의 인연

때는 바야흐로 2012년.

강원도 정선군 북평면에서 화재점검을 하던 소방관은 매우 기이한 장면을 목격하게 됩니다. 도무지 이 세상 사람이라고 보이지 않는 한 남자의 등장, 그가 바로 자연인 '김씨돌'이었습니다.

당시 저는 <순간포착 세상에 이런 일이>의 삼 년 차 피디였습니다. 소방관의 제보 전화를 받고, 정선 봉화치 마을로 출발했습니다. 그곳으로 향하며 들었던 느낌은, '세상에 이런 오지 마을이 아직도 존재할 수 있구나'였습니다.

내비게이션에는 S자의 급커브가 무한대로 반복되고 있었고, 지상의 마을은 아득히 멀어져만 갔습니다. 그렇게 산길을 올라올라 도착한 봉화치 마을, 그곳에서 무려 이십삼 년간 세상을 떠나 살아온 진짜 자연인 '씨돌 아저씨'를 만나게 되었습니다.

씨돌 아저씨의 첫인상을 한마디로 표현하자면, '자연인'을 넘어 '원시인'에 가까웠습니다. 물질문명을 최소화하고 자연 속에서 온전한 평화를 느끼는 아저씨의 삶은, '월든' 호숫가에 오두막을 짓고 살았던 헨리 데이빗 소로우(Henry David Thoreau)를 연상케 했습니다.

씨돌 아저씨는 카메라를 들고 나타난 나를 경계 어린 시선으로 대하는 것이 아니라, 너무도 자연스럽게 자연인 김씨돌의 세계로 안내했습니다. 봉화치의 동식물과 소통하는 아저씨의 모습은 도시인의 잣대로 판단한다면 기인에 가까운 것이었으나, 그와 몸으로 부대끼며 촬영하는 동안 알게 된 것이 있었습니다. 씨돌 아저씨는 스스로 삶을 간소화하고 진심으로 자연을 존중하는 '인간의 원형' 그 자체인 사람이라는 것입니다.

아저씨는 산을 걷다가 옷을 훌훌 벗어 던지고 아름드리 소나무를 껴안으며 나무의 숨소리를 느끼기도 하고, 길을 가다 갑자기 황토구덩이에 머리를 묻고 흙의 향을 맡기도 했습니다.

귀한 손님이 오셨으니 식사를 대접하겠다고 하고선, 벼 이삭이 그대로 붙어 있는 볏짚단을 잔뜩 가져오며 "손으로 비벼서 함께 낱알을 까야 쌀밥을 먹지"라며 '허허허' 하고 웃었습니다. 그렇게 조금은 허술하고 인간적인 씨돌 아저씨의 매력이 카메라에 온전히 기록되었습니다. 대관절 어디로 튈지 모르는 아저씨의 순진무구한 행동 때문이었을까요? <순간포착 세상에 이런 일이 – 자연인 김씨돌> 편은 그야말로 대박이 났습니다.

2012년 여름에 처음 만난 아저씨를, 그해 겨울 다시 찾았습니다. '자연인 김씨돌의 겨울나기' 방송을 촬영하기 위해서였습니다. 가는 날이 장날이라 했던가요? 수십 년 만에 쏟아진 대폭설로 열흘 동안 봉화치 마을에 고립되어버렸습니다. 도무지 산 아래로 내려갈 수 없는 상황에서 평소의 방송 촬영 기간보다 오랜 시간 아저씨를 관찰할 수 있었습니다.

지금에 와서 생각해보면 그해 겨울 열흘 동안, 촬영보다는 한바탕 재미있는 축제의 시간을 보낸 것 같습니다. 비료 포대를 동원해 함께 눈썰매를 타고, 장작을 나르고, 쌓인 눈을 치우고, 고드름을 따 먹고, 산삼을 캐기 위해 겨울 산을 헤매었습니다. 온통 빛나는 눈꽃으로 장식된 봉화치 산 정상에서, 내 생애 가장 아름답고 황홀했던 동해의 일출을 함께 바라보기도 했습니다. (물론 생애 가장 추웠던 일출

구경이었지만.) 출연자와 담당 PD를 넘어 인간 대 인간으로 교감하는 시간이었습니다.

어느 순간엔 카메라가 돌아가는 것이 크게 중요치 않게 여겨지는 밤도 있었습니다. 모든 것이 눈에 덮여 지워진 산속 오두막에서, 작은 백열전구에 의지해 아저씨와 참으로 많은 대화를 나누었습니다. PD 생활을 하면서 조금씩 쌓이고 있던 고민들, 내가 해결하고픈 생의 여러 가지 수수께끼들에 대해 질문했습니다. 씨돌 아저씨는 그 특유의 웃음과 진지함으로 오랫동안 나의 이야기에 가만히 귀 기울여 들어주었습니다.

열흘 뒤, 눈이 그치고 길이 열렸습니다. 서울로 돌아가는 나에게 아저씨는 옥수수 한 상자를 선물로 주었습니다. 상자 안에는 아저씨의 멋진 글씨체로 쓴 편지 한 통이 들어 있었습니다.

우리 모두가 우러르는 큰 별이여!
커다란 눈동자만큼이나
늘 따뜻한 봄날 같은
초록빛 저널리즘을 꿈꾸시길.
삼가 우러릅니다.

사랑과 평화 - 김씨돌 드림

글을 읽는 동안, 씨돌 아저씨와 앞으로 나의 인생이 어떤 방식으로든 연결될 것 같은 예감 같은 것이 스쳤습니다.

그 이후, 매년 휴가 때면 봉화치 마을을 찾아갔습니다. 시사교양 PD로 살아가며 점점 더 혹독한 상황을 겪어야 했기에, 세상의 속도를 따르지 않는 아저씨와 함께하는 동안 비로소 제대로 숨을 쉴 수 있는 것 같았습니다. 당시 연애를 하던 여자친구를 데리고 간 적도 있었고, 겨울 이불과 겨울옷을 트렁크 가득 챙겨 방문한 적도 있었습니다. PD로서 촬영 때문에 간 것이 아니니 아저씨와는 더욱 친밀해질 수밖에 없었습니다.

씨돌 아저씨와 대화를 하다 바다를 본 지 이십 년이 넘었다고 해서, 그날 바로 아저씨와 태백산맥을 넘어 동해바다를 보러 간 적이 있었습니다. 바다가 보이는 숙소에 짐을 던져놓고, 아저씨가 평생 처음으로 먹어본다는 대게를 대접했습니다. 아저씨는 대게를 한 입 먹어보고선, 벌떡 일어나 "너무 다셔서(달아서) 감사합니다"라고 외치고는 '대게'를 향해 큰절을 했습니다. 식당 주인과 아저씨와 나, 모두가 '깔깔' 웃음보가 터져 손뼉을 쳤던 그런 날이었습니다.

촬영할 당시에도 다리와 허리 상태가 좋지 않았던 아저씨를 모시고 찜질방에도 자주 갔습니다. 흰 수건을 돌돌 말아 아저씨에게 양머리를 해드리기도 했습니다. 정말 귀여우셨습니다.

내가 생각하는 씨돌 아저씨의 최대 매력은 '자연인이지만, 꼭 그것에만 매몰되지 않는 사람'이란 것입니다. 혁명가 체 게바라(Che Guevara)가 "가질 수 없는 것을 꿈꾸되 현실에 발을 딛고 있어야 합니다."고 했던 것처럼, 씨돌 아저씨는 생명과 자연을 오롯이 존중하되 현실적 삶을 배척하지 않고 자신의 삶에서 소박함을 추구하는 사람이었습니다.

만약 아저씨가 '공자 왈 맹자 왈' 하며 자신이 추구하는 사상을 가르치려 했다거나 문명에 대한 배타적인 자세만을 보여주었다면, 저는 그 오랜 시간 동안 무언가에 홀린 듯 아저씨와의 인연을 이어가진 못했을 것입니다.

자연인이지만 짜파게티를 좋아하고, 제가 정선 읍내로 갈 일이 있을 땐 "거기까지 3시간씩 걸어가면 다리 아파!"라며 당당히 차에 태워 달라 하는 아저씨가 저는 정말 좋았습니다. 그러면서도 겨울잠을 자는 뱀을 놀라게 하지 않으려고 집 아궁이에 불을 때지 않으며 그 추운 겨울을 버텨내는 것이, 내가 알고 경험한 자연인 씨돌 아저씨였습니다. 진심으로 자연과 생명을 배려하는 삶의 태도에서 자연스러운 인간미를 풍기는 진정한 '참사람'이었습니다.

<순간포착 세상에 이런 일이> 프로그램을 만들고 나서 칠 년 동안 수없이 아저씨를 만나고 교류하면서도, 그 중간중간의 시간을 촬영으로 기록하지 않았습니다. 그때에는 아저씨가 살아온 인생을 자세히 알지도 못했거니와 훗날 다큐멘터리로 만들 계획조차 없었기 때문이었습니다. 어떠한 의도나 목적 없이, 씨돌 아저씨에게 하나의 인간으로 다가갔고, 아저씨도 저를 그렇게 받아들였을 것입니다.

　　그 후 시사교양 PD로 일하는 동안 저는 셀 수도 없이 많은 사람을 취재했습니다. 권력자와 범죄자, 부자와 사회의 가장 낮은 곳에서 힘겨워하는 이들을 수없이 만났습니다. 남미, 아프리카, 유럽, 아시아 등 전 세계 곳곳을 정신없이 돌아다니기도 했습니다. PD로 십 년을 살다 보니 휴대폰에 전화번호가 저장된 사람들만 육천 명이 넘습니다.

　　하지만 제 마음속에서 언제나 가장 맨 앞자리에 있었던 사람은 그 흔한 휴대전화조차 없는 사람, 바로 '씨돌 아저씨'였습니다.

씨돌 아저씨는
생명과 자연을 오롯이 존중하되
현실적 삶을 배척하지
않았습니다.

2장

의문의 죽음을 당한
청년들을 돕다

한 대학교 앞 표구사에서 일하던 청년이 있습니다. 갓 스무 살을 넘긴 그의 이름은 정연관. 장차 돈을 많이 벌어서 오남매를 키우느라 고생한 노모에게 호강을 시켜주겠노라고 말하던 그는 남들처럼 군입대를 하고 이듬해인 1987년, 상병을 답니다. 그리고 가족이 갑작스러운 연락을 받은 건 그해 겨울이었습니다.

"자고 있는데 큰아들이 '엄마, 가자' 그러는 거라. 그래 나는 어느 영문인지도 모르고 '어데 가노?' 그러니까네, '연관이한테 간다. 연관이 보러 가자'고. '연관이 뭐, 부대에 있는데 우예 보러 가노?' 갔는데 보니까네, 연관이가 죽었다고."
(임분이/故 정연관 열사 어머니)

막내아들의 갑작스러운 죽음. 정확한 사망원인을 알지도 못하고 괴로워하는 가족 앞에 한 사람이 나타납니다. 초면인 그는 정연관 상병 죽음의 진실을 밝히겠다며 직접 거리로 나섭니다.

> "최규하 대통령도 만나게 됐고 김영삼 대통령도 만나게 됐고, 그 사람들을 다 요한이 하고 같이 다니면서 만나게 된 거지. 그 사람이 길잡이 역할을 엄청나게 했어요."
> (정연복/故 정연관 열사 형)

> "제 사무실에 두세 번 정도 왔던 걸로 기억이 나요. 요한 씨가 정연관 상병의 사망 사건을 '아, 의원님, 이거 가만있으면 안 됩니다. 이건 큰일 날 문제입니다. 이건 밝혀서 우리 젊은이들이 더 이상 죽음으로 가지 않도록 막아야 됩니다.'라고 했죠."
> (이철용/13대 국회의원)

80년대에는 정연관 상병처럼 의문의 죽음을 당한 청년들이 많았습니다. 사인조차 알 수 없었던 억울한 죽음의 원인을 밝히기 위해 요한은 발 벗고 나섰습니다. 당시 자식 잃은 부모들 사이에서 요한은 알다가도 모를 신기한 사람이었습니다.

"요한 씨는 우리가 아무것도 몰랐을 때 투쟁 현장 제일 앞에서 우리를 인도한 사람이에요. 또 같이 생활을 했어요."
(배은심/故 이한열 열사 어머니)

"요한이를 처음에 만났을 때는 '저런 미친놈이 있대?'라고, 즈그 식구는 아무도 죽은 사람이 없는데 남의 일만 갖고 저렇게 몸을 다 그냥 부수고 있구나. 요한이 제일 앞장서 갖고 제일 많이 두들겨 맞는 놈이야. 고마웠지."
(허영춘/故 허원근 열사 아버지)

"우리는 싸워야 할 사람들이야. 내 자식이 이렇게 됐으니까. 그런데 그 사람은 그럴 이유가 없는데 지팡이 역할이라든가 방패막이 역할을 많이 했죠. 부모들 안 다치게 하려고, 앞에 서가지고." (강선순/故 권희정 열사 어머니)

강산이 세 번 변하는 세월이 흘렀지만,
사람들은 지금도 청년 요한을 잊지 못합니다.

"요한 씨 같은 사람은 어려운 사람을 보면 지나치지 못하고, 남의 일로 보지 않고 '저 고통은 바로 내 것입니다.' 그래요. 어딘가 일이 있을 때 가보면 이 사람이 있는 거죠. 억울한 일을 당했을 때 이 사람이 있는 거고. 요한 씨 이 사람은 위선이 아니고 가식이 아니고 진심입니다."
(서경원/13대 국회의원, 농민운동가)

"하… 그래, 그랬지. 요한이가 우리 집에 왔는고로. 저 대문 앞에 서가지고. 나를 한 번 안아주더라고. 고생 많이 했다고. 내 고생이 아니라 요한 씨가 고생했지."
(임분이/故 정연관 열사 어머니)

아들의 억울한 죽음,
웃음을 잃은 노모

삼십 년이 훌쩍 지났지만, 노모의 기억은 여전히 생생했습니다.

구체적인 이야기를 듣고 싶어 수소문 끝에 경북 포항을 찾아갔습니다. 세월의 더께가 켜켜이 내려앉은 오래된 집 대문을 두드리자, 임분이 할머니가 우리를 맞습니다. 낯선 방문에도 분이 할머니는 먼 길 오느라 고생이 많다며 우리를 반깁니다.

팔순을 훌쩍 넘긴 분이 할머니의 깊은 주름과 한숨 사이로 1987년 겨울, 그날의 모습이 우리 앞에 펼쳐졌습니다. 둘째 며느리가 몸을 풀었다고 해서 갓 태어난 손주의 출생을 축하하기 위해 아들의 집을 찾았다는 분이 할머니는 이른 새벽에 아들이 깨우는 소리에 눈을 떴다고 합니다. 그는 그저 담담히 "연관이 보러 가자."며 분이 할머니를 재촉했다고 합니다.

연관은 당시 경기도 고양시에서 상병으로 군 생활을 하고 있던, 할머니의 막내아들입니다. 군에 있는 연관이를 대체 어떻게 본다는 건지, 둘째 아들의 말을 도무지 이해할 수 없었던 분이 할머니는 아들이 가자는 대로 일단 조용히 집을 따라나섰습니다.

차를 타고 도착한 곳은 연관이 복무하고 있는 군부대였습니다. 군 관계자를 따라간 그곳에서 분이 할머니는 연관의 주검과 마주했습니다. 멀쩡했던 아들은 대체 무슨 일로 죽어서 돌아온 걸까요?

분이 할머니는 믿을 수 없는 현실에 눈물도 나지 않았다고 합니다. 정신을 잃었다 되찾기를 여러 번 한 뒤에야 군 관계자의 설명을 들을 수 있었습니다. 훈련을 받던 중에, 동료의 잘못으로 기합을 받게 되었는데 가슴께를 치자 뒤로 밀려나면서 관물대에 머리를 부딪치더니 쓰러졌다는 것입니다.

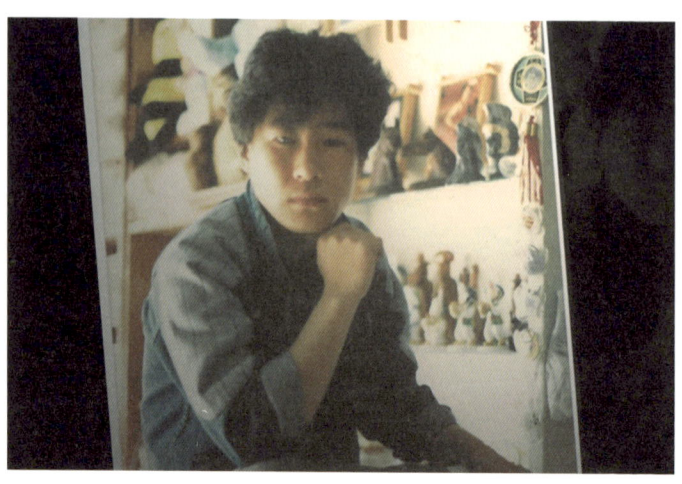

정연관 상병은
오남매 중 막내로 태어나
남들 앞에 서는 것을 좋아하고
노래 부르는 것도 좋아해서
가수나 배우를 꿈꾸곤
했습니다.

사망원인은 뇌진탕이라고 했습니다. 너무 순식간이라 손쓸 새도 없이 숨졌다고 합니다. 그런데 이해가 되지 않는 점은, 연관의 몸 곳곳에 남아 있는 상처들이었습니다. 얼굴은 물론 목 아래로 가슴과 배 그리고 등까지 곳곳에 멍이 들어 있었습니다.

가족들이 상처에 대해 묻자, 군 관계자는 의식을 잃은 연관을 깨우기 위해 몸을 치다가 남은 자국이라고 답변했다고 합니다. 입대하기 전까지 태권도를 수련해서 운동신경이 좋은 편인데다가 크게 앓아본 적 없이 건강했던 연관이 이토록 황망하게 떠나버렸다는 것이 이해가 되지 않았습니다. 사망의 원인도, 몸에 난 상처의 정체도, 무엇 하나 납득되지 않는 설명이었지만 가족은 받아들일 수밖에 없었습니다.

정연관 상병은 오남매 중 막내로 태어나, 한 대학교 앞 표구사에서 일했습니다. 남들 앞에 서는 것을 좋아하고 노래 부르는 것도 좋아해서 가수나 연예인을 꿈꾸곤 했습니다. 분이 할머니의 집 작은 방에는 연관이 생전에 사용했던 낡은 통기타가 주인을 잃은 채 그대로 남아 있습니다. 꼭 성공해서 호강을 시켜드리겠노라고 입버릇처럼 말하곤 했던 연관은 서글서글하고 애교 있는 성격 덕분에 집안에서 사랑을 듬뿍 받으며 자랐고, 마을에서도 싹싹한 청년으로 알려졌었습니다. 그런 연관의 죽음은 마을 사람들에게도 충격적인 일이었습니다.

 무릎이 성치 않은 탓에 거동이 쉽지 않다는 분이 할머니는, 그동안 열심히 다니던 교회에도 발길을 끊은 채 집 안에서만 지낸다고 했습니다. 아직도 가슴 한구석이 시려서 아들의 사진을 눈에 보이지 않는 곳으로 모두 치워버렸다는 할머니가 우리에게 연관의 사진을 보여주기 위해 오랜만에 사진첩을 뒤적입니다. 할머니의 손길이 머문 곳에 연관의 영정사진이 있습니다. 아들의 얼굴을 가만히 바라보더니 긴 한숨을 내뱉습니다.

 "출세해서 돈 많이 벌어서 엄마 호강시켜 준다더니, 이래 돼버렸네. 지 운명인가 내 운명인가. 내가 지를 받아들일 복이 없어가 갔는지, 지 운으로 갔는지 그건 모르지."

 우리가 분이 할머니 댁을 찾은 날은 어버이날이었습니다. 마을에서 어르신들께 나눠준 카네이션이 방 한 구석에 무심하게 놓여 있었습니다. 감사와 사랑의 상징인 이 카네이션도 할머니에게는 고통과 상처의 상징이 돼 있었습니다.

 지금 정연관 상병이 할머니 곁에 있다면, 1987년부터 지금까지 서른두 개의 카네이션을 가슴에 달아드렸을 시간. 할머니는 그동안 너무 많이 울어서, 이제는 아들의 사진을 보아도 눈물이 나지 않는다고 합니다. 게다가 아들을 잃은 뒤부터 소리 내어 웃어본 적도 없다며, 웃는 방법을 잊어버린 것 같다고 말합니다. 실제로 할머니는 우리에게 정연관 상병에 관해 이야기하는 내내 단 한 번도 웃거나 눈물을 흘리지 않았습니다.

삼십이 년이라는 세월 속에 슬픔이나 고통의 감정이 무뎌진 탓일까요? 하지만 요즘 들어 기억력이 많이 떨어져 사소한 실수가 잦아졌다는 할머니가, 그날의 일은 바로 어제 일처럼 떠올리는 모습을 보면서 우리는 그녀가 아들의 비극을 단 한 번도 지워본 적 없다는 것을 느낄 수 있었습니다.

가슴속에 담아두고 오랫동안 봉인해왔다가 다시 꺼내놓은 할머니의 이야기는 깊은 한숨과 드문드문 어딘가를 멍하니 바라보는 시선과 뒤섞여 더 안타깝고 슬프게 들려옵니다. 그런데 분이 할머니의 이야기 속에는 아들의 갑작스러운 죽음뿐만 아니라, 들으면서도 믿을 수 없는 엄청난 일들이 숨겨져 있었습니다.

"출세해서 돈 많이 벌어서
엄마 호강시켜 준다더니, 이래 돼버렸네.
지 운명인가 내 운명인가.
내가 지를 받아들일 복이 없어가 갔는지
지 운으로 갔는지 그건 모르지."

임분이 (故 정연관 열사 어머니)

죽음 뒤 벌어진
수상한 일들

정연관 상병의 죽음을 도무지 이해할 수가 없었던 가족은 부검을 결정합니다. 군 관계자들의 말을 믿을 수 없었던 가족은 군 병원이 아니라 민간병원 의료진에게 부검을 맡기겠다고 뜻을 밝혔으나 군은 가족의 요구와는 상관없이 군의관을 통해 부검을 진행했습니다. 그리고 부검 결과, 사인은 군 관계자가 가족에게 설명했던 것과 크게 다르지 않았습니다.

그런데 당시 함께 군 생활을 했던 동료 장병 중 일부가 가족을 찾아왔다고 합니다. 사고가 발생했던 당시 상황에 대해 묻자, 말을 아끼면서도 "연관이는 의로운 죽음을 당한 것입니다."라고 말하거나

"억울하게 죽었다."라며 울분을 토하기도 하고, 또 누군가는 "총이 있다면 그 자리에 있던 사람들을 전부 쏴 죽이고 싶었다."는, 정확히 알 수는 없지만 뭔가 수상한 이야기를 꺼내기도 했습니다. 하지만 엄혹한 독재 군사정권이었던 당시, 가족이 할 수 있는 것은 없었습니다.

포항 고향집에 빈소가 차려지고 친척들과 연관의 고향 친구들, 평소 연관을 아끼던 마을 주민들이 찾아와 겨우 스무 해 남짓 살다 간 청년의 명복을 빌어주었습니다. 이상한 일들은 그때 벌어졌습니다. 전에는 본 적 없던 검은색 지프차가 집 앞 골목에 나타나더니 밤낮으로 자리를 지키면서 대문 앞을 살피는 것이었습니다. 그리고 보안사 요원들이 분이 할머니의 집 앞 담장을 에워싼 채로 보초를 서더니 조문객들을 막아서고, 이 집에 드나드는 사람들이 누구인지 조사를 하기 시작했습니다. 슬픔을 함께 나누기 위해 찾아왔던 사람들은 무섭다며 하나둘 돌아섰고, 발길이 끊긴 분이 할머니의 집 앞 골목에는 살벌한 기운마저 감돌았습니다.

한번은 집에 전화가 걸려왔습니다. 전화를 건 사람은 외신 기자였는데, 연관의 죽음에 대해 좀처럼 이해할 수 없는 질문들을 던지고는 끊었다고 합니다. 기자와의 통화 이후 가족에 대한 보안사의 미행과 감시가 심해졌습니다. 당시 허리 부상으로 집 근처 병원에 입원해 치료받고 있던 형 연복 씨는 병실 근처를 맴돌며 자신을 관찰하는 사람들이 있어 수상히 여겼다고 합니다.

하루는 그들과 맘먹고 이야기를 해보았는데, 유족을 보호하기 위해 파견된 보안사 관계자라고 했다는 것입니다. 이상한 일들이 연이어 벌어지자 가족들은 막둥이의 죽음에 오롯이 슬퍼할 여유도 없었습니다.

그즈음, 마을 분위기도 심상치 않았습니다. 군에서 사고로 아들을 잃었다는데 난데없이 보안사 관계자들이 가족들을 감시하는 이 말도 안 되는 상황을 두고 주민들 사이에서 이상한 소문이 퍼지기 시작했습니다.

가족들은 연관의 죽음에 대한 의혹을 함부로 입 밖에 낼 수 없었고 내서도 안 됐습니다. 날이 갈수록 가족들은 외톨이가 돼가고 있었습니다. 인적이 끊겨버린 집 안은 적막으로 가득했습니다. 보안사의 철저한 감시 속에, 분이 할머니와 가족들은 집 안에서 감옥살이 아닌 감옥살이를 해야 했습니다. 그러던 어느 날, 한 사람이 나타납니다.

안방으로 숨어든 남자

보안사 관계자들이 집 주변을 에워싼 채 가족에 대한 감시를 이어가던 어느 날이었습니다. 분이 할머니의 며느리가 안방에서 갑자기 비명을 질렀다고 합니다. 수상한 인기척에 벽장 문을 열자 그 안에 낯선 남자가 몸을 숨기고 있었던 것입니다. 물건을 훔치러 온 도둑이거나 보안사 관계자가 식구들을 감시하기 위해 숨어든 것이라고 여겼던 가족은 남자를 추궁했습니다. 그는 자신이 보안사 관계자도, 강도도 아니라고 하면서 놀란 가족들을 진정시키더니 이렇게 말했습니다.

"정연관 상병이 죽은 진짜 이유를 알고 있습니다."

분이 할머니는 남자의 이 한마디에 다리의 힘이 풀렸다고 합니다. 남자는 자신의 이름을 요한이라고 소개했습니다. 거무스름한 피부에 운동선수처럼 체격이 좋았던 그는 정 상병 죽음의 진실을 밝히겠노라고 말했습니다.

집 앞에는 보안사 관계자들의 감시가 삼엄했는데 요한은 어떻게 집 안으로 들어올 수 있었을까요? 그는 집 근처에서 기다리다가 감시망이 잠시 느슨해진 틈을 타 담장을 뛰어넘어 마당을 통해 안방으로 뛰어들었고, 일단 벽장에 몸을 숨겼다고 했습니다. 그리고 그의 손에는 정연관 상병 사망 사건에 대한 보안사의 수사 기록이 들려 있었습니다. 수사를 담당한 군 관계자가 누구인지, 사건에 대해 증언을 한 사람은 누구인지, 사건 가담자로 지목됐던 사람은 누구인지 상세히 기록이 돼 있었습니다. 군이 발표한 연관의 사망 원인을 믿지 못했던 가족은 우선 요한의 이야기를 들어보기로 했습니다.

1987년 12월 4일, 연관이 사망하고 십이 일 뒤인 16일은 우리나라에서 최초로 직선제로 대통령을 선출하는 13대 대선이 있던 날이었습니다. 대선을 앞두고 군에서는 부재자 투표가 처음으로 실시됐는데, 정연관 상병이 당시 여당 후보를 두고 야당 후보를 지지했다가 상관들에게 발각돼 폭행을 당했고, 그러다가 숨지게 됐다는 것입니다.

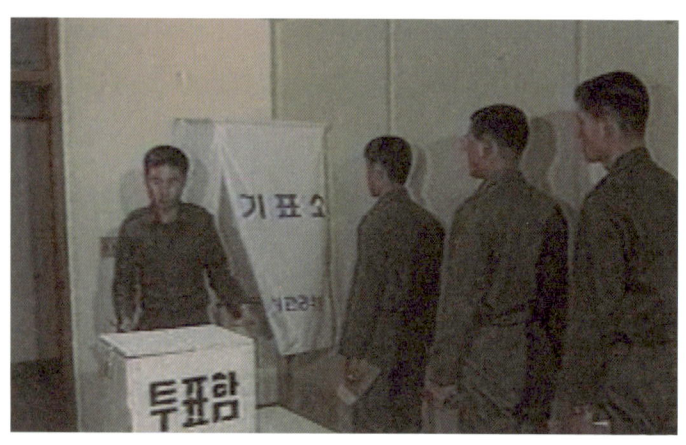

말도 안 되는 이야기라고 생각했던 가족들은 처음에는 요한의 이야기를 믿지 않았다고 합니다. 어쩌면 믿고 싶지 않았던 것일지도 모르겠습니다. 채 펼쳐보지도 못한 아들의 아까운 삶이, 고작 대통령 선거 때문에 힘없이 꺼져버렸다는 것이 너무나도 허망하고 원통해서입니다.

가족 중에 요한의 말을 가장 먼저 믿은 사람은 형 연복 씨였습니다. 과거, 연관 씨가 했던 말이 떠올랐기 때문입니다. 군 입대를 하기 전, 영남대학교 앞에 표구사에서 일했던 연관은 자신과 비슷한 또래인 대학생들과 이야기를 나눌 일이 많았다고 합니다.

그러던 어느 날, 평소 가까이 지냈던 학생들이 찾아와 캠퍼스 안의 특정 장소와 시간을 알려주며 영상 상영회를 하니 꼭 보러오라는 이야기를 해주었다고 합니다. 호기심에 찾아간 연관의 눈앞에 1980년 5·18 광주 민주화 운동의 참상이 고스란히 펼쳐졌습니다. 당시 폭도들의 난동으로만 알려졌던 광주의 진짜 모습은 연관에게 충격 그 자체였을 것입니다.

연복 씨는 영상을 보고 온 연관 씨가 자신이 목격한 정권의 민낯에 대해 울분을 토하며 이야기하던 모습을 기억하고 있었습니다. 독재 정권을 불러나게 해야 하고, 이를 시민의 힘으로 해내야 한다던 동생의 말도 잊지 않았습니다.

분이 할머니도 어렴풋이 기억나는 일이 있다고 합니다. 부대에서 사고를 당하기 전, 언젠가 휴가를 나온 연관이 정권을 교체해야 한다는 이야기를 했던 것입니다. 독재를 이어온 여당이 정권에서 물러나야 후대에 젊은 세대들이 기를 펴고 살 수 있으며, 그러려면 야당에서 희망을 찾을 수밖에 없다는 것입니다.

당시에는 야당을 지지하면 '빨갱이'라는 소리를 듣던 시대였기 때문에, 식구들은 그런 말 말라고 한 번 꾸짖은 적이 있을 뿐 크게 신경 쓰지는 않았다고 합니다. 그런데 연관이 군에 가서 야당 후보를 찍었다는 이유로 맞아 죽었다니, 가족의 가슴은 더욱 쓰리고 아팠습니다.

요한은 가족들에게 이 억울한 죽음을 세상에 알려 진실을 밝히는 것을 도와주겠다고 말합니다. 노모를 대신해 형 연복 씨가 우선 요한을 따라나서기로 했습니다. 서울에 가서 정연관 상병의 죽음에 대해 기자회견을 하기로 한 요한과 연복 씨. 문제는 보안사의 감시망을 뚫는 것이었습니다.

두 사람은 포항 버스터미널이 아니라 경주 버스터미널을 통해

서울로 올라갈 계획을 세웁니다. 모자를 깊이 눌러 쓰고 겉옷 깃을 세운 채 택시를 타고 경주로 이동했다는 연복 씨는 경주 버스터미널에서 자신을 수소문하고 있는 보안사 관계자들을 목격했다고 합니다. 다행히 마주치지 않아 무사히 서울로 올라올 수 있었던 연복 씨와 요한은 천주교 성당의 도움으로 기자회견을 합니다. 그리고 정연관 상병의 의문사가 세상에 알려지게 됩니다.

진실을 위해
백방으로 뛰어다니다

제13대 대선은 여러 가지로 의미가 큽니다. 건국 이래 시민의 손으로 대통령을 뽑는 직선제가 처음으로 시작된 것이 바로 13대 대통령 선거입니다. 이런 성과를 이뤄내기까지 수많은 시민의 피땀 어린 희생이 있었습니다. 그중에서도 1987년 1월 14일 경찰의 조사를 받던 서울대학생 박종철 군이 사망하는 사건에 이어 6월 9일 연세대학교 정문에서 이한열 학생이 전경이 쏜 최루탄을 맞고 의식을 잃었다가 결국 사망하는 사건이 발생하자 분노한 전국의 시민들이 들불처럼 일어났고, 6월 항쟁으로 이어졌습니다. 결국, 전두환 군사 독재정권은 물러나게 되었고, 직선제가 시작되면서 대한민국에도 민주화가 꽃을 피우게 됐다는 희망이 생긴 것입니다.

그런 대통령 선거 과정에서 군 장병이 사망했습니다. 요한은 분이 할머니와 가족들에게 정연관 상병이 군 부재자 투표에서 여당 후보를 찍으라는 상관의 지시를 어기는 바람에 폭행을 당하다 숨졌다고 말했습니다. 이것이 사실이라면, 연관이 야당 후보에게 투표했다는 것을 군 고위직이 알고 있었다는 것이고, 이는 다시 말하면 무기명 비밀투표의 원칙이 지켜지지 않았다는 것입니다. 민주주의를 역행하는, 대선 부정선거 논란으로 이어질 수 있는 중대한 사안이었습니다.

요한은 분이 할머니와 형 연복 씨와 함께 정연관 상병의 억울한 죽음에 대해 호소하기 시작했습니다. 당시 국회의원들은 물론이고 최규하 전 대통령, 김영삼, 김대중 야당 대선후보 등을 만나 정연관 상병의 죽음의 진실을 밝혀달라고 부탁했습니다. 분이 할머니는 요한이 정치인들을 만날 수 있도록 연결해주고 함께 찾아가주었다고 말합니다. 억울함을 호소하기 위해서 누구를 어디서 만나야 하는지, 요한은 너무도 잘 알고 있는 듯 보였다고 합니다. 분이 할머니는 그가 길잡이 역할을 해준 덕분에 아들의 억울한 죽음을 사람들에게 알릴 수 있었다고 강조합니다.

요한은 정치인들과의 면담뿐만 아니라, 발언할 기회가 있는 곳이라면 분이 할머니와 함께 전국 각지를 찾아다녔습니다. 학교를 찾아다니면서 연설을 하기도 했고, 정연관 상병의 죽음에 대한 소책자를 만들어 시민들에게 무료로 배포하기도 했습니다.

게다가 요한은 정연관 상병이 사고를 당한 당시 현장에 있었던 동료 장병들과 군 상관들을 일일이 찾아다녔습니다. 분이 할머니는 귀신같이 당시 관계자들의 행방을 찾아내는 요한을 보면서 놀랐던 일을 떠올립니다. 그는 문전박대 당하기도 하고 협박을 당하기도 했지만 포기하지 않고 사건 관계자들의 집 문을 두드렸습니다. 요한의 끈질긴 설득 끝에 굳게 닫았던 입을 연 사람들도 있었습니다. 그는 이들의 증언을 빠짐없이 기록했습니다.

정연관 상병의 형 연복 씨가 우리에게 낡은 종이 상자를 내밉니다. 요한이 수집한 증언들이 녹음된 카세트테이프 한 뭉치가 들어 있습니다. 테이프 겉면에는 요한이 직접 만난 군 관계자들의 이름이 적혀 있는데, 마치 세월이 한참 지난 뒤 이 증언들이 방송을 통해 공개될 것을 확신이라도 한듯 그의 손글씨는 한 자 한 자가 힘 있게 꾹꾹 눌러 쓰여 있습니다.

이 오래된 카세트테이프 안에는 어떤 내용이 들어 있을까요? 한 청년의 죽음의 비밀을 담고 있는 상자를 가장 먼저 여는 기분으로, 우리는 숨죽인 채 카세트의 재생 버튼을 눌렀습니다.

요한 : 주먹으로 가슴을 때린 겁니까? 관물대 모서리에 맞은 겁니까?

정연관 상병의 군 상관 : 처음에 혹시나 손바닥으로 했다 하면 조금 형량이 감형이 될까 싶어서……

요한 : 중대장이 사전투표를 협박조로 요청한 사실이 있다. 이렇게 결론을 짓고 넘어갈까요?

정연관 상병의 군 상관 : 여당이 몇 프로(%)가 나와야 하는데 너희들이 힘을 좀 써라 이런 식으로.

요한 : 그거는 몇 프로인지 정확히 기억나십니까?

정연관 상병의 군 상관 : 그거는 이야기 안 해주고요. 수시로 불러요, 수시로. 아예 중대원 명부를 놓고.

군이 가족에게 설명했던 사건 내용, 보안사가 기록한 수사 내용과는 전혀 다른 이야기가 사건 관계자들인 정연관 상병의 상관들 입을 통해 나옵니다. 이들의 증언이 사실이라면, 군에서 조직적으로 대선 결과를 조작한 것이고 정연관 상병은 그 과정에서 나타난 희생자인 것입니다.

이후 분이 할머니는 요한의 도움으로 당시 폭행에 가담한 주동자들을 직접 찾아갔다고 합니다. 속죄나 사과의 말을 듣고 싶어서였습니다. 하지만 돌아오는 것은 욕설과 문전박대뿐이었습니다.

요한과 함께 분이 할머니와 가족은 전국을 돌아다니며 사람들을 만나고, 억울함을 호소했지만 거기까지였습니다. 안타까운 사연에 공감하면서도, 사건을 해결해주겠다며 선뜻 나서는 곳은 없었습니다. 전국 방방곡곡을 찾아다니는 데 필요한 교통비를 비롯해 각종 비용을 마련하기 위해 분이 할머니 가족은 삶의 터전인 논과 밭을 모두 팔았고, 빚도 졌습니다.

정연관 상병의 아버지는 술로 일상을 보내는 일이 잦아졌고, 시골 아낙에서 투사가 된 분이 할머니는 시위에 참여했다가 재판을 받기도 했습니다. 국민의 억울함을 풀어주기는커녕 희생자 가족을 법정에 세우는 검찰과 사법부에 항의하다가 공무집행 방해로 팔 개월간 징역형을 선고받았습니다. 의문사 피해자, 정연관 상병의 가족은 점점 지쳐갔습니다.

1. 공명선거관리위원회
   초청감사

10.22 (토요일)

... 시내버스 운영회사
... 지부장, 조합회
... 사장, 조합회

전체 : 700-2209
        700-2033

평화시

平和

제 74 호
수 신: 제 3 군
제 3 2 헌병대 2군계서 역건대
제 목: 사건송치   보통군법회의 2 검찰부장   1987. 12. 17.

다음 사건을 송치합니다.

구 속
구 속
구 속
구 속

제2군사 11보군막대 251호 대
1) 가. 병장
2) 가. 상사
3) 가. 대위
4) 가. 병장

국회로 간
정연관 상병 사망 사건

13대 대선에 대한 부정선거 의혹이 불거지게 된 데는 정연관 상병 사망 사건 외에도 또 다른 사건이 계기가 되었습니다. 1987년 12월 투표 당일 오전, 구로구청 개표소에서 봉인되지 않은 부재자 투표함이 발견된 것입니다. 이를 발견한 학생들과 시민은 부정투표함이라고 규정하고 구로구청을 점거해 농성에 돌입합니다.

그러자 이틀 뒤, 정부는 경찰 약 사천여 명을 투입해 농성자 일천여 명을 연행하고 그중 이백팔 명을 구속했습니다. 개표 결과, 노태우 당선자와 김영삼 후보의 표 차이가 백만을 훌쩍 넘어섰고, 문제가 된 투표함의 사천삼백여 표는 당락에 영향을 줄 수 없다는 판단

아래 부정선거 논란은 일단락됐습니다.

그런데 변수가 생겼습니다. 이듬해인 1988년 4월 치러진 총선에서, 헌정 사상 최초로 집권 여당의 의석이 야당의 의석수보다 적은 여소야대 국회가 탄생한 것입니다. 그리고 야당을 중심으로 부정선거 의혹이 또다시 불거지고, 1988년 6월 국회에는 '양대선거부정조사특별위원회'가 꾸려집니다.

이 특위에 소속되어 사건을 조사했던, 당시 평민당(야당) 소속 의원인 이철용 씨는 한 사람을 아직도 잊지 못한다고 말합니다. 그 사람은 자신의 의원실에 여러 번 찾아와 정연관 상병의 사건에 대해 설명하면서 다시는 죄 없는 청년들이 죽어나가는 일이 없도록 해야 하지 않겠느냐며 울분을 토하더니, 정연관 상병의 사망 사건을 조사해달라고 요청했다는 것입니다. 그 사람은 바로 요한이었습니다.

분이 할머니와 전국을 다니며 사건에 대해 알리고 진상규명을 요구했던 요한이 국회에서 특별위원회가 발족했다는 이야기를 듣고 그냥 지나칠 리 없었습니다. 그의 요구와 바람대로, 정연관 상병의 사망 사건이 국회에서 다뤄지게 됩니다.

정연관 상병의 아버지와 형 언복 씨가 증인으로 나서서 위원들의 질문에 답변했고, 요한은 참고인 자격으로 참석할 수 있었습니다. 참고인은 일반적으로 발언 기회가 주어지지 않지만, 당시 국회 회의록을 보면 요한은 발언석에 섭니다.

[국회 회의록 발췌]

이길용 위원 : 이번 정상병 사건을 어떤 경로로 알게 되었고 어떠한 계기로 관심을 쏟기 시작했는지 그 경위에 대해서 말해주시기 바랍니다.

요한 : 1987년 12월 7일 저녁 한 9시(쯤) 되었는데, 명동성당 5층에 저희 천주교 공정선거감시단 본부가 있습니다. 제가 제일 먼저 전화를 한 통 받았습니다.

이길용 위원 : 누구한테 받았습니까?

요한 : 그 전화가 사병으로 제가 알고 있는데 철철 울면서 바로 야당을 찍어가지고 맞아 죽은 시신이 지금 106 후송병원으로 갔다 이럽디다. '차분히 말씀하시고 이름이나 부대명이라도 말하면 내가 거기를 찾아가겠습니다' 하니까, '가보시면 압니다' 하고는 전화가 끊겨버렸습니다.

이길용 위원 : 곧장 육군 106 후송병원으로 가서 확인해보았습니까?

요한 : 바로 쫓아갔습니다.

이길용 위원 : 그런데 그 당시에 육군 벽제병원에 김○○ 중령이 시신이 들어온 적은 없다 이렇게 얘기했는데…….

요한 : 거짓이었습니다. (시신이) 들어왔다는 것을 시인했습니다.

요한이 분이 할머니의 담을 넘었던 건 한 장병의 내부 고발에서 시작됐습니다. 전화 내용대로 사망한 장병이 있다는 것을 확인한 뒤, 요한은 확신을 갖고 분이 할머니를 만난 것입니다. 국회 특별위원회에서 요한은 정연관 상병 사망 사건의 진상규명이 이뤄지지 않는 점에 대해 의혹을 제기합니다.

> **[국회 회의록 발췌]**
> **이길용 위원** : 참고인께서는 이 사건을 줄곧 일 년 동안 지켜보고 조사해보면서 진실을 캐내야겠다는 과정을 통해서 어떤 결론을 내렸는지 간단하게 대답해주시기 바랍니다.
> **요한** : 지금까지 정 상병의 의문의 죽음을 가지고 너무나 많은 곳에서 어머니하고 헤맸는데, 역시 어머니가 구속되셨기 때문에 나는 이것을 정말 정치보복이라고 생각합니다.

그런데 국회 회의록을 보면, 상황은 점점 이상한 방향으로 흘러가기 시작합니다. 여당 의원들의 질의 내용이 특히 눈에 띕니다.

> **[국회 회의록 발췌]**
> **이상득 위원** : 정 상병의 형님인 정연복 씨가 아홉 사람이 같이 있는데 기합을 안 받았을 것이다. 틀림없이 어디서(밖에서) 맞아가지고. 왜냐하면 여러 사람 있는 데서 봉둥이로 때렸으면 다 알 것이다(라고 했습니다).

온몸이 멍들 정도 같으면 말입니다. (중략) 혹시 지금 정연복 씨가 의심하듯이 외부에서 맞아가지고 거꾸로 끼워 맞춘다고 생각하십니까?

요한 : 당연히 내무반 밖에서 구타당했다고 생각하고 있습니다.

이상득 위원 : 생각하고 있지요?

요한 : 법적인 문제 같은데, 생각이라고 물었기 때문에 생각이라고 답변한 것입니다. (중략)

이상득 위원 : 확증이라도 있습니까? 혹시 참고할 만한……. 꼭 요구하지 않습니다. 있으면 있다고만 말씀하세요. 추측하지 마시고…….

요한 : 물론 있습니다. (중략) 사실 제가 상당히 회의감을 느끼는 것은 우리한테 양심증언을 해주고 말하려 했던 사람들이 오늘 안 나왔다는 사실입니다.

이상득 위원 : 김 증인! 다른 얘기하지 마시고 제가 묻는 대로 대답을 제대로 해주세요. 지금 그러니까 밖에서 맞아 죽었다, 맞아서 불행히도 사망했다 하는 확증을 갖고 계시면 이 자리에서 제시할 수 있는지를 묻는 것입니다. (중략)

요한 : 위원님이 추측이라고 말씀하시는데 절대 추측이 아닙니다. 그 많은 문서 검증을 위원님들께서 안 해보시고. 또 사전에 현장검증에서 사실은 허점이 많았다고 저는 판단하고 있습니다. 그래서 양심적으로 증언하려고 하는 핵심요원 김○○ 씨가 반드시 이 자리에 와 있을 때만 추측이 아닌 (게 되겠지요.) 확증 양심선언을 할 수 있는 사람이 그분과 많은 사람이 있다고 저는 보고 있습니다. (중략)

이상득 위원 : 직접 그 자리에 있었거나, 현장에 있거나 그런 분은 아니죠? 그저 그런 운동을 했고 조사를 했다는 그런 분인 거죠?

자의에 의한 것인지는 모르지만, 요한이 어렵게 양심고백을 받아낸 군 관계자가 특별위원회에 참석하지 않자, 여당 의원들은 정연관 상병이 부재자 투표 때 야당 후보를 지지했다가 소위 맞아 죽었다는 증거를 대라며 요한을 추궁하기 시작합니다. 현장에 있었던 당시 야당 의원 이철용 씨는 여당 의원들이 요한에게 노골적인 색깔론을 들이대며 '종북', '빨갱이', '좌파' 프레임을 씌우려고 했던 모습을 기억합니다. 사건의 초점을 흐리려는 의도라는 것입니다. 믿었던 국회가 힘이 돼주기는커녕, 정연관 상병의 유족과 요한에게 도리어 칼을 꽂은 셈이 됐습니다.

그리고 정계에는 또 한 번 격동의 바람이 불어닥칩니다. 1990년 1월, 여당과 두 개의 야당이 합당하면서 국회는 또다시 여대야소로 바뀌었고, 정연관 상병의 의문사 진상규명은 결론을 맺지 못합니다. 기대가 실망으로 바뀌는 것은 순식간이었습니다.

국회에서 다룬
최초의 군 의문사 사건,
하지만 진상규명은
쉽지 않았습니다.

통한의 십칠 년

형 연복 씨는 동생 정연관 상병의 죽음과 관련된 자료들을 지금까지도 고이 간직하고 있습니다. 눈에 띄는 점은, 자료 안에서 요한의 흔적을 쉽게 찾아볼 수 있다는 것입니다. 각종 시위나 집회 현장에서 분이 할머니의 곁을 든든히 지키고 있는 사람은 늘 요한이었고, 정 상병의 추모식을 담은 VHS 테이프 속에서도 요한은 늘 분주하게 궂은일을 도맡아 하고 있었습니다.

1992년, 5주기 추모제 영상에서 그는 통곡하듯 울분을 토해냅니다.

"박종철 열사 사건 때처럼 부정선거 이슈로 정권이 무너질지도 모른다고 판단한 독재 정권은 온갖 수단을 다 동원하여 은폐 조작에 앞장섰습니다! 전쟁도 아닌데 이같이 많은 젊은 사람들이 죽어간다는 것은 너무나 큰 문제입니다!"

하지만 요한의 목소리는 메아리 없는 고독한 외침이 되어 분이 할머니와 가족들 안에서 맴돌 뿐 누구도 주목하지 않았습니다. 그러는 사이 시간은 속절없이 흘러갔고, 민주주의를 얻기 위해 나섰던 거리와 그 위에서 피 흘리며 쓰러져간 사람들은 원래 있지도 않았던 것처럼, 세상은 아무 일도 없었던 것처럼 그저 평화로워 보이는 모습으로 바뀌어갔습니다.

정연관 상병의 아버지는 평생 아들의 억울한 죽음에 가슴 아파하다 지병으로 세상을 떠났고, 제대로 잠을 자지도 먹지도 못한 분이 할머니의 몸은 야위어갔습니다. 머리 위에는 세월의 흔적이 내려앉았습니다.

그 후 정권이 세 번 바뀐 2004년 7월, 저녁 뉴스와 신문에 정연관 상병의 이름이 등장합니다. 군사독재 시기, 국가에 의해 자행된 범죄를 조사하고 공권력에 의해 희생된 이들의 진실을 밝히기 위해 설치된 의문사신상규명위원회기 정연관 상병의 의무사 사건을 조사

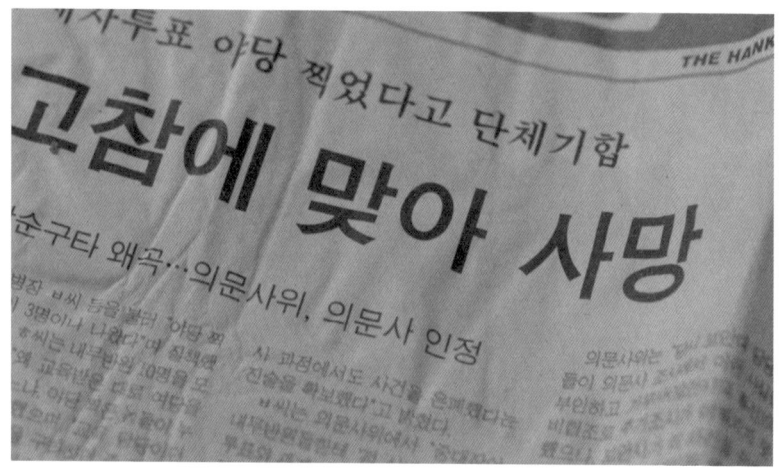

"지난 87년 대통령 선거의 군 부재자 투표 때
야당 후보를 지지했다가 맞아 숨진 정연관 씨에 대해서
의문사진상규명위원회가 그 사실을 인정했습니다.
십칠 년 만입니다."

(2004년 7월 14일 MBC 뉴스데스크)

해 그 결과를 발표한 것입니다. 1987년 13대 대통령 선거 당시, 야당 후보에 투표했다는 이유로 정연관 상병이 구타당해 사망한 것이 사실로 밝혀진 것입니다. 무려 십칠 년 만에 고인의 명예가 회복되었습니다.

의문사위원회의 조사 결과가 발표된 직후, 요한은 포항에 있는 분이 할머니의 집으로 향했습니다. 담을 넘어 안방으로 숨어들었던 십칠 년 전과 달리, 이번에는 할머니 집의 푸른색 대문을 두드렸습니다. 그리고 분이 할머니를 가만히 품에 안아주었다는 요한. 그동안 고생이 많았다는 인사를 했고, 이에 분이 할머니도 고생이 많았다며 요한의 등을 두드려 주었다고 합니다.

그게 마지막이었습니다. 분이 할머니는 그날 뒤로 요한을 만나지 못했습니다. 소식이 궁금했지만 연락을 하면 요한에게 짐이 되는 것 같아 미안한 마음에 먼저 연락할 수 없었다고 합니다. 그 후 또다시 십오 년이라는 세월이 흘렀지만, 할머니의 시간은 요한이 대문을 두드리던 그날에 멈춰버렸습니다. 네 시간에 걸쳐 우리와 인터뷰를 하던 분이 할머니가 수명이 다한 낡은 벽시계를 잠시 올려다보더니 한숨을 내뱉으며 나지막이 말합니다.

"요한이 보고 싶나, 눈물 나게 보고 싶다."

요한은 왜 분이 할머니와 연락을 끊어버린 걸까요?

2004년 의문사진상규명위원회의 조사 결과 발표에 관한 기사에는 한 장의 사진이 실려 있습니다. 분이 할머니와 요한 그리고 또 한 사람이 눈에 띕니다. 그녀는 전태일 열사의 어머니인 이소선 여사입니다. 그녀는 어떻게 요한과 함께 있었던 걸까요?

좌측부터 전태일 열사의 어머니인
故 이소선 여사, 정연복 씨, 임분이 여사, 김요한 씨

한울삶
그리고 요한

서울 종로구 창신동의 좁다란 골목길을 따라가다 보면, 소담스러운 한옥 한 채를 마주하게 됩니다. 신영복 선생의 글씨체로 '한울삶'이라 쓰인 나무 현판이 가장 먼저 눈에 들어오는 이곳은 지난 삼십 년 동안 '한이 많은 사람들이 울타리를 이루어 사는 집'입니다.

이곳에 머무는 사람들의 공통점은 자녀를 잃은 부모라는 점입니다. 가해자는 공권력, 다시 말해 국가입니다. 정확한 사인을 모르거나 아직도 고인의 시신을 찾지 못한 가족들도 있고, 피해자가 가해자 또는 죄인으로 둔갑되어 억울한 누명을 쓴 경우도 있습니다. 의문사진상규명위원회를 통해 명예회복이 된 경우도 있지만 소수입니다. 이곳의 초대 회장은 전태일 열사의 어머니 故 이소선 여사입니다. 이 여사와 함께 사진 속에 등장한 요한은 어떤 인연이 있는 걸까요?

우리가 한울삶에 방문해서 요한에 관해 이야기를 꺼내자, 말이 나오기가 무섭게 부모님들은 그를 잘 안다고 입을 모읍니다. 한울삶과 각별한 인연이 있다고 합니다.

1987년 초, 그러니까 한울삶 부모님들이 모여 만든 공식 단체인 전국민족민주유가족협의회가 생겨난 지 일 년이 되던 해, 요한이 불쑥 찾아왔다고 합니다. 별다른 말도 없이 궂은일들을 거들기 시작했다는 요한. 당시 이소선 여사는 요한을 수상히 여겼습니다. 협의회에서 부모들을 돕던 활동가에게 요한이 어떤 사람인지 알아보라고 할 정도였다고 합니다. 정권을 규탄하는 집회와 시위를 열거나 참가하다 보니, 정권이 부모님들을 감시하기 위해 심어놓은 프락치(어떤 조직체나 분야에 들어가서 본래의 신분을 속이고 몰래 활동하는 사람)가 아닌지 의심했던 것입니다.

수상히 여길 법도 한 것이, 요한은 아무런 대가 없이 한울삶의 크고 작은 일을 도맡았다고 합니다. 나중에야 그의 순수한 진심을 헤아린 이소선 여사는 요한과 허물없는 사이가 되었습니다. 모자 관계처럼 가깝게 지냈는데, 요한이 평소 지저분한 차림으로 다니면 외모를 좀 가꾸라고 꾸짖기도 하고, 끼니를 제대로 못 챙겨 먹으면 푸짐하지는 않지만 맛깔스러운 한 상을 차려주기도 했다는 것입니다.

한울삶의 부모들을 모두 아버지, 어머니라고 불렀던 요한은 시위나 집회 현장에서 그분들을 보호하는 일을 했습니다. 그분들을 대신해 전경들에게 매를 맞기도 하고, 선두에서 그분들을 안전한 곳으로 이끈 것도 요한이었습니다.

지난 1984년 군에서 일병으로 복무하다가 느닷없이 총에 맞아 사망한 허원근 열사의 아버지 허영춘 씨는 지금 생각해도 요한에 대해서 이해가 되지 않는 점이 있다고 합니다. 그가 왜 그토록 열심히 싸웠는가 하는 점입니다. 자신의 가족 중에 희생당한 이가 있는 것도 아닌데, 왜 한울삶 부모들을 대신해서 경찰이나 군 관계자들에게 매질을 당했는지 납득이 가지 않는다는 것입니다. 심지어 그는 전경들이 휘두르는 곤봉에 맞아 크게 다친 적도 여러 차례 있다고 합니다.

그래서 허영춘 씨는 그런 요한을 제정신이 아닌 소위 '미친놈'으로 여겼다고 말합니다. 쫓기거나 매질을 당하면서도 굳건히 자리를 지키는 모습에 놀란 적이 한두 번이 아니랍니다.

이한열 열사의 어머니인 배은심 씨도 요한에 대해 기억을 떠올립니다. 집회 현장에서 수사기관의 폭력이 거세지면 요한이 부모들을 안전한 곳으로 피신시킨 뒤 자신은 맨몸으로 맞서서 경찰들과 부딪혔고, 혹은 서울 지리를 잘 모르는 부모들을 대신해 가야 할 길을 찾아주고는 했다고 합니다. 그래서 한울삶의 부모들은 요한을 두고 '길잡이' 또는 '방패막이'라고 불렀다고 합니다.

정연관 상병의 어머니인 분이 할머니에게 한울삶을 소개한 사람도 요한이었습니다. 서로 비슷한 상처를 가진 부모들이 모여 이야기를 나누는 동안 위로하고 치유 받으면서 놓아버리려 했던 삶의 끈을 되찾기도 하는 곳이 바로 '한울삶'이기 때문입니다.

박종철 열사의 아버지 故 박정기 씨는 시간이 한참 지난 뒤에도 요한과 서신을 주고받았다고 합니다. 아들을 잃고 난 뒤의 황망함과 앞으로 살아갈 날들에 대한 고민 그리고 간단한 안부를 물은 것인데, 사뭇 부자지간에 서로 걱정하며 써 내려간 편지라 해도 무리가 아니었습니다. 안타깝게 세상을 떠난 청년들의 빈자리를 메꾸며 부모님들의 곁을 지켜주던 요한은 한울삶의 그들에게 아들과 같은 존재였습니다.

그런데 분이 할머니와 마찬가지로, 한울삶의 부모님들 역시 비슷한 시기에 요한과 연락이 끊겼다고 말합니다. 원체 동에 번쩍 서에 번쩍하던 사람이라서 처음에는 그러려니 했지만 이렇게 연락이 아예 끊겨버릴 줄은 몰랐다는 것입니다. 상처가 있는 부모님들의 아들이 되어주었던 요한은 어디로 사라진 걸까요? 우리는 그가 남긴 희미한 발자국들을 하나하나 찾아가보기로 했습니다.

"요한은 제일 앞장서 갖고
제일 많이 두들겨 맞는 놈이야."

허영춘 (故 허원근 열사 아버지)

3장

어디에나 있었고
어디에도 없었다

"고문실이 있어요, 지하에. 내려가면 욕조도 있고, 고문하기 좋도록 하는 지하실에 방이 있습니다. 끌려 들어가면 우선 딱 두 시간은 그냥 이유 없이 두드려 맞고 한 이틀은 이유 있게 두드려 맞아요." (장기표/재야운동가)

"성당으로 이렇게 가는데 양팔을 탁 끼면서, '좀 가셔야 되겠습니다' 그래요. 우리 조사했던 이가, '신부님, 여기가 무시무시한 데예요. 죽어나가도 아무도 상관 안 하는 데예요.' 하더라고요. 어떤 신부님은 뺨 맞아서 고막이 나갔고, 팔 일 동안 그 지하 감옥에 있었어요. 우리는 성직자니까 그래도 덜 고문한 거죠. 그러나 민간인들한테는 뭐 인정사정없죠."
(안충석 신부/정의구현사제단 前 대표)

기나긴 군사 독재 정권은 수많은 시민을 죄인으로 몰았고 고문을 가하기도 했으며 심지어는 목숨을 잃게 만들었습니다. 1980년대에 들어서도 상황은 크게 다르지 않았습니다. 독재 정권의 퇴진을 요구하며 거리로 나선 학생들은 공권력에 의해 자행된 폭력에 쓰러져갔습니다.

故 허원근　　1984년 4월 2일 사망 (향년 21세)
　　　　　　부산수산대학교 재학 당시 학생운동을 하다 강제징집, 육
　　　　　　군 입대 일년여 만에 몸에 총상을 입고 의문사.

故 박종철　　1987년 1월 14일 사망 (향년 21세)
　　　　　　서울대학교 언어학과 재학 중, 경찰에 불법체포되어 남영
　　　　　　동 대공분실에서 수사를 받다 사망.

故 신호수　　1986년 6월 19일 사망 (향년 23세)
　　　　　　인천에서 가스배달부로 일하던 중, 서울시경 대공수사 담
　　　　　　당 수사관들에게 끌려가 조사를 받은 뒤, 전남 여수에서 시
　　　　　　신으로 발견.

故 이한열　　1987년 7월 5일 사망 (향년 20세)
　　　　　　연세대학교 경영학과 2학년 재학 중, 학교 정문 앞에서 박
　　　　　　종철 고문 치사 사건의 진상규명을 요구하는 시위를 벌이
　　　　　　다 경찰이 쏜 최루탄에 맞아 사망.

故 정연관　　1987년 12월 4일 사망 (향년 21세)
　　　　　　군 복무 중, 13대 대선 군부재자 투표에서 야당후보를 지지
　　　　　　했다는 이유로 상관들에게 구타를 당하다 사망.

청년들의 안타까운 죽음에, 전국의 시민들이 들불처럼 일어났습니다. 故 박종철 군의 고문치사 사건이 도화선이 됐고, 육 개월 뒤 경찰이 쏜 최루탄에 맞아 사망한 故 이한열 군의 사망 사건은 6월 민주항쟁의 등불을 횃불로 바꾸는 계기가 됐습니다. 분노한 시민은 남녀노소랄 것 없이 독재 정권의 퇴진을 요구하며 거리로 뛰어들었습니다.

"연세대학교에서 아현동 고개를 넘어서 시청 앞까지 거리 행진을 했습니다. 젊은 학도들이 꽉 그냥, 그 옆에서 뭐 완전히 콩나물시루처럼 '전두환 정권을 못 믿겠다. 호헌철폐, 독재타도'를 외치면서." (안충석 신부/정의구현사제단 前 대표)

분노한 시민들이 주로 모여든 곳은 부산의 가톨릭센터와 서울 명동성당이었습니다. 그중에서도 명동성당은 당시 시국에 대해 각자의 생각을 나누는 토론의 장이었고, 수사기관에 쫓기던 사람들의 피난처와도 같은 곳이었습니다.

"다른 데서는 할 수가 없어요. 왜냐면 정보요원들이 항상 따라다니니까. 국회의원이 됐어도 계속 도청당하고 따라다녔으니까, 감시하고. 그런 시대인데 어디서 하겠습니까. 소위 말하면 명동성당은 성지이기 때문에 감히 저 안까지는 못 들어오죠."
(서경원/13대 국회의원, 농민운동가)

"한번은 그 학생들이 시위하다가 성당으로 쫓겨왔는데, 경찰들이 잡으러 오니까 김수환 추기경님이, 이 대학생들을 잡아가려면 신부님들과 수녀님들 그리고 추기경님이 거기 드러누워 있을 테니까 그걸 밟고 짓밟고 가서 그들을 잡아가라. 그래서 못 잡아간 적이 있었어요." (안충석 신부/정의구현사제단 前 대표)

민주주의에 목마른 시민들이 모인 명동성당 앞, 그 한가운데에 요한이 있었습니다. 자식을 잃은 부모들과 함께였습니다.

"경찰들하고 대치할 때 다른 사람들은 하다가 뒤로 물러섰는데 요한 씨는 그러지 않더라고요. 그분은 내가 볼 때 몸을 안 사리더라고. 정의감에 불타는 그런 사람이라고 저는 느꼈어요." (윤순녀 / 노동운동가)

"감수하는 거죠. 내가 감옥에 가고 어떤 일이 있더라도 이 일을 해야 한다는 당위, 이 사람의 마음속에는 그게 아주 깊게 자리 잡고 있는 거죠. 제가 그때도 그걸 발견했어요. 저 사람은 위선이 아니고 가식이 아니고 진심이다."
(서경원/13대 국회의원, 농민운동가)

"김요한이라는 사람이 왜 저렇게 열심히 뛰어다녔을까? 우리를 위해서, 죽어간 사람들을 위해서 이렇게 희생하는지를 몰랐지." (허영춘/故 허원근 열사 아버지)

"김요한 선생님은 우리가 아무것도 몰랐을 때 투쟁 현장 제일 앞에서 우리들의 리더를 한 사람이에요. 우리 요한 선생은 남의 삶을 도와주려는 봉사 정신이 있었어요. 우리는 이것을 칭찬도 하고 대견하다고 이야기도 하고."
(배은심/故 이한열 열사 어머니)

"갈 때는 아무 말도 없이 가버렸어요. 다 궁금하게 생각을 했지, 우리 유가족들도. 가면 그래도 어디로 간다, 있는 데라도 좀 가르쳐준다든가 그러지. 그런 얘기를 많이 했어요."
(신정학/故 신호수 열사 아버지)

민주주의를 외치던 뜨거운 그 거리에서 요한은 자식을 잃은 억울한 부모들의 심정을 대변하고 그들을 안내하는 길잡이로서, 민주화를 열망하는 시민으로서 목소리를 높였습니다. 그리고 아무도 모르게 사라졌습니다.

6월의 명동성당

노(老)신부가 돋보기안경을 벗으며 생각에 잠깁니다. 종로 혜화동에서 만난 안충석 누가 신부는 1967년에 사제 서품을 받은 뒤 사제들과 함께 천주교 정의구현사제단 결성을 주도했고, 사제단의 대표를 역임하기도 했습니다. 1976년에는 동료 사제, 재야인사들과 함께 긴급조치 철폐와 독재 정권 퇴진 그리고 대통령 직선제를 요구하는 선언문을 발표했다가 중앙정보부에 끌려가 서울 서빙고에 있는 대공분실에서 팔 일간 고문을 당하기도 했습니다.

팔순의 원로 사제가 되는 동안, 안 신부는 '모든 세대를 통해 그 시대의 특징을 탐구하고 복음의 빛으로 그것을 해명해줄 의무를 다한다'는 바티칸공의회 사목헌장의 뜻을 지켜왔습니다. 특히 시민의 인권을 탄압하고 생명을 위협하는 시국 사건들을 지켜보면서 정권을 비판하는 내용의 성명을 발표하고 시국미사를 열었습니다.

그런 그에게 우리는 사진 한 장을 건넸습니다. 서울의 한 거리 위에서 머리에 띠를 두른 채 사람들과 함께 구호를 외치고 있는 요한의 모습이 담겨 있습니다. 사진을 바라보던 그의 기억은 시간을 거슬러 1987년으로 향했습니다.

당시 아현동 성당 주임신부였던 안 신부는 어느 날 사제단을 찾아온 한 변호사로부터 메모를 받았다고 합니다. 교도소로부터 전

달된 쪽지 안에는 놀라운 내용이 들어 있었습니다. 경찰 조사를 받다 돌연사한 것으로 알려졌던 당시 서울대학교 박종철 학생이 물고문과 전기고문 등을 당했고, 그 과정에서 숨졌다는 것입니다. 조사를 받던 중 '책상을 탁 치니, 억 하고 죽었다'는 경찰의 발표와는 전혀 다른 내용이었습니다. 천주교정의구현사제단 소속 사제들은 이 내용을 두고 누가, 어떤 방법으로 세상에 알릴 것인가를 고민했다고 합니다. 당시는 서슬 퍼렇던 군사정권 아래서 언론이 제구실을 하지 못하던 시기였고, 언론사에 제보했다가는 내용이 묵살되고 말 것이 뻔했기 때문입니다.

결국, 사제단은 5·18 광주민주화운동 7주기 기념미사에서 미사를 집전하던 김승훈 신부를 통해 이 내용을 폭로합니다. 경찰은 사실무근이라고 대응했지만, 부검 결과 박종철 군이 물고문을 당하는 과정에서 경부압박에 의한 질식으로 사망했다는 사실이 밝혀집니다. 심지어 가족 몰래 고인의 시신을 화장하려 했던 정황도 드러났습니다. 수사당국의 사건 은폐 사실이 알려지자, 시민들은 분노했습니다. 학생들은 거리로 쏟아져 나와 연일 집회와 시위를 이어갔습니다. 그 거리에 요한도 있었습니다.

그가 거리로 나서게 된 계기는 박종철 학생의 죽음이었습니다. 박종철 학생이 경찰에게 고문당하다 질식사했다는 소식을 접하고 몸 편히 숨 쉬고 있는 것 자체가 죄스러웠다는 그는 즉시 거리로 뛰쳐나와 사람들과 함께 정권을 향해 비판의 목소리를 높였습니다.

그런데 시민들의 분노가 폭발하는 일이 벌어집니다. 1987년 6월 9일, 연세대학교 정문을 사이에 두고 전투경찰과 학생들이 대치한 가운데, 경찰이 최루탄을 발사하기 시작합니다. 학생들이 교정 안으로 몸을 피하는 순간, 교문 밖에서 날아온 최루탄이 경영학과 2학년 이한열 학생의 뒤통수를 가격하고, 그는 피를 흘리며 쓰러집니다. 세브란스 병원으로 이송됐지만 의식을 잃습니다.

박종철 군에 이어 이한열 군까지, 학생이 정부의 폭력진압에 의해 희생되는 사건이 연이어 발생하자 전두환 정권에 대한 국민들의 반감은 가중되었고, 이는 6월 항쟁으로 이어졌습니다. 전국의 수많은 시민이 거리로 쏟아져 나왔고, 구심점이 된 지역은 부산역과 부산 가톨릭회관 그리고 서울 시청 앞 광장과 명동성당이었습니다.

군화발로 시민들을 제압하던 정권도 시민들의 분노 섞인 함성과 행진에는 손 쓰지 못했습니다. 당시 학생운동에 참여했던 재야운동가들은 명동성당이 있었기 때문에 6월 민주항쟁이 성공을 거둘 수 있었다고 말합니다.

우리가 안충석 신부에게 또 다른 사진을 건넸습니다. 양복을 갖춰 입은 요한이 대자보가 붙은 현장에 서 있는 모습입니다. 대자보에는 <널리 알림>이라는 제목 아래로 '민정당 부정선거 사례'라는 내용이 적혀 있습니다. 안 신부는 사진 속 상황을 단번에 알아봅니다. 13대 대선을 앞두고 서울지역의 대학생들을 도운 기억이 있기 때문입니다.

처음으로 직접투표로 대통령을 뽑는 역사적인 순간, 서울지역 대학생들이 혹시 생길지도 모르는 부정선거 감시단을 만들었다고 합니다. 이때 활동을 도운 사람이 안충석 신부였습니다. 당시 주임으로 있던 아현동 성당의 지하 강당을 부정선거 감시단의 본부로 사용할 수 있도록 제공한 것입니다.

안 신부는 요한의 모습이 담긴 사진 속 장소가 명동성당이라고 말합니다. 그중에서도 문화관이라고 짚어내는데, 이곳은 학생과 직장인 등 여러 사람이 모여 혼란스러운 시국에 대해 열띤 토론을 벌이던 곳이었습니다. 당시 독재 정권을 향해 비판의 목소리를 높일 수 있었던 유일한 장소가 바로 명동성당이었기 때문입니다.

요한의 모습이 담긴 사진으로 돌아가 보면, 대자보에 적힌 '민정당'은 당시 집권 여당이고, 여당의 부정선거 의혹을 제기하고 있는 상황으로 보아 사진이 찍힌 건 정연관 상병이 사망한 뒤이자 13대 대선이 치러진 직후인 1987년 12월경으로 보입니다. 정연관 상병이 군 부재자 투표에서 야당 후보를 찍었다는 이유로 폭행을 당해 숨졌다고 주장했던 요한이, 정 상병의 모친인 임분이 할머니와 함께 사건의 진실을 알리기 위해 전국을 다녔던 시기에 촬영된 것입니다.

1987년 6월 민주항쟁이 벌어졌던 때에도, 12월 정연관 상병의 억울한 죽음을 알릴 때에도, 청년 요한은 민주화의 성지 명동성당의 중심에 서 있었습니다.

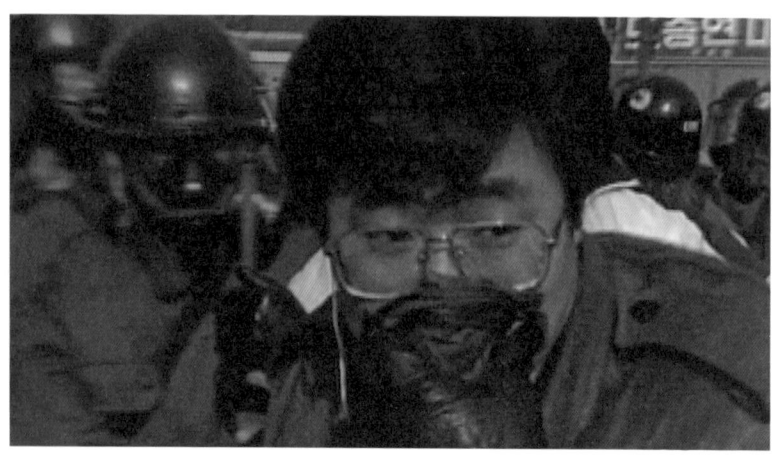

모두가 함께 뜨거웠으며,
그래서 더욱 아프고,
때론 희생을 감수해야 했던 그때.

요한은 늘
그 거리에 있었습니다.

두들겨 맞는 일을
자처하다

"아들 추모제가 있는 달이 돌아올 때 더 생각이 나죠. 우리 가족은 추모제가 만일 5월 달에 있다 하면 이삼 개월 전부터 걱정을 해요. 그날을 어떻게 넘길까. 그러다 추모제가 뭐 어떤 식이든지 지나가고 나면 '아이고, 할 일 다 했구나, 금년도 할 일'. 이렇게들 생각을 해요."

한울삶 현관을 지나 사무실 맞은편, 부모들이 주로 모여 앉는 응접실 벽면에는 독재 정권하에서 희생된 청년들의 흑백 사진이 빼곡히 걸려 있습니다. 이를 본 누군가는 국가폭력에 희생당한 젊은이들의 영정사진이라고 하고, 또 누군가는 민주 열사들의 의로운 모습이라고도 합니다. 삼십 년 넘게 한을 안고 살아온 부모들에게 이 사진은 가슴에 묻은 자식을 만나는 창구입니다.

벽에 한가득 걸어놓은 이 사진을 본 사람들은 죽은 사람 사진이니 무섭기도 하고 이제는 오래된 과거의 일이니 그만 치우는 게 어떠냐고 말하곤 합니다. 하지만 아직 시신조차 찾지 못한 가족도 있는데다가, 정확한 사인도 밝혀지지 않았거나 국가의 진정한 사과를 받지 못한 가족도 있습니다. 벽에 걸린 희생자들의 사진은 시간이 지나도 이들의 희생을 잊지 말아 달라는 부모들의 간절한 마음인 것입니다.

이곳의 문은 항상 열려 있습니다. 한울삶이 처음 생긴 1986년도에는 부모들이 이곳에서 함께 잠을 자고 밥도 해 먹으면서, 서울이나 경기지역에서 열리는 집회나 시위에 참석하곤 했습니다. 의문사 진상규명을 촉구하는 목소리를 내기 위해서입니다. 서로 이야기를 나누면서 가슴에 맺힌 응어리를 풀 수 있었고, 그래서 살아갈 수 있었다는 부모들에게 이곳은 치유의 공간입니다. 지금은 세상을 떠난 이도 늘어가고 병환으로 한울삶까지 걸음하기가 어려운 이들도 생겨나면서, 예전처럼 매일 문전성시를 이루지는 않지만, 지금도 이 공간은 부모들에게 상처를 보듬는 사랑방입니다.

한울삶 부모들이 요한을 만난 건, 1987년 초반이었습니다. 말 그대로 어느 날, 갑자기, 불쑥 이곳을 찾아왔다는 그가 인사를 꾸벅하더니 부모들을 돕고 싶다고 말했다는 것입니다. 시키지도 않았는데 걸레를 찾아다가 한울삶 방바닥을 닦으며 청소를 하고, 무거운 짐을 나르면서 문지방이 닳도록 찾아왔다고 합니다.

그는 부모들을 대신해 묵묵히 한울삶의 궂은일을 도맡았는데, 평소 말수도 적고 숫기도 없는 요한이 한울삶 부모들에게는 어머니, 아버지라고 부르며 넉살을 부리곤 했다고 합니다. 그러다가 한울삶에서 부모들과 함께 생활하기도 했는데, 밤잠을 이루지 못하는 아버지들 곁에서 소주를 따라주는 술벗이 돼주기도 하고, 억울하고 원통함을 속 시원히 드러내지도 못한 채 숨죽여 눈물을 흘려야 했던 어머니들의 말벗이 되어주기도 했습니다. 무엇보다 한울삶 부모들이 요한을 잊지 못하는 건, 그의 마음씀씀이 때문이었습니다. 자식을 잃은 부모들의 또 다른 아들이 돼준 것입니다.

한울삶 부모들이 죽은 자식들을 위해 할 수 있는 건, 시위현장에 나가 억울함을 호소하고 진상규명을 요구하는 것뿐이었습니다. 그러다 경찰이 휘두른 곤봉에 맞는 일도 부지기수였고, 경찰에 연행되어 집으로 돌아가기가 곤란한 상황이 되기도 했다고 합니다.

故 이한열 열사의 어머니 배은심 씨는 우리에게 여의도에서 시위했던 어느 날에 관해 이야기해줍니다. 부모들이 여의도 국회의사당 앞에서 시위를 하다가 여러 대의 경찰차에 나뉘어 태워진 채 연행이 되었는데, 수사관계자가 부모들의 눈을 가린 채 어딘지 알 수 없는 외진 곳으로 한참을 데려가더니 한 사람씩 내려놓고는 사라져버렸다고 합니다. 인적이 없는 비포장길에 떨궈지기도 하고, 논 한가운데 내리는 경우도 있었다고 합니다.

요한은 부모들이 고초를 겪는 것을 막기 위해 집회나 시위 현장에 늘 따라나갔고, 행렬 제일 앞자리에서 부모들을 이끌었습니다. 부모들을 대신해 경찰이 휘두르는 진압봉에 맞기도 하고 연행돼 가기도 했습니다. 부모들은 그런 요한이 고마우면서도 한없이 미안했다고 합니다. 도와주는 것도 좋지만 자신의 몸도 챙기라고 꾸중하면 자신이 좋아서 하는 일이니 걱정하지 말라고 안심시키며 조용히 웃었다고 합니다.

우리는 시위 현장에서의 요한의 모습이 궁금했습니다. 현장의 모습이 담긴 영상자료에서 그의 모습을 찾아볼 수 있지 않을까? 우리는 SBS는 물론 지상파 방송사들의 협조를 얻어 1980년대 시위 현장의 영상자료들을 샅샅이 살폈습니다.

그리고 1989년 2월 촬영된 영상자료 속에서 요한의 모습을 확인할 수 있었습니다. 그날은 의문사 진상규명 결의 대회가 열린 날이었습니다. 그 자리에는 故 전태일 열사의 어머니 이소선 여사와 故 박종철 열사의 아버지인 박정기 씨, 故 이한열 열사의 어머니 배은심 씨, 故 정연관 상병의 아버지 정명화 씨 등 사십여 명의 한울삶 부모들과 일천여 명의 대학생이 명동성당 앞에 모였습니다.

한울삶 부모들의 행렬 맨 앞에, 머리띠를 두른 요한이 서 있습니다. 집회 참가자들과 전경들 사이에 서서 한울삶 부모들을 살피는 요한의 모습은 사진에서 보던 모습 그대로였습니다. 키는 작지만 단단한 체격에 안경을 쓴 청년, 요한을 사이에 두고 바로 맞은편에는 전경들이 막아서고 있었습니다.

평화행진을 보장하라는 참가자들의 외침이 이어지는 가운데, 얼마 뒤 어디선가 백골단이 나타나 참가자들에게 곤봉을 휘두르기 시작합니다. 현장은 순식간에 아수라장이 되고 사람들은 몸을 피하려 이리저리 흩어집니다. 요한은 몸을 피할 새도 없이 세 명의 백골단에게 둘러싸입니다. 그리고 폭행을 당하던 요한이 건물들 사이 어디론가 끌려가면서 영상은 끝납니다.

한울삶의 낡은 앨범 속 흑백사진과 그를 아는 사람들의 기억을 통해 만났던 요한의 생생한 모습을 눈앞에서 마주한 순간, 우리는 모두 할 말을 잃었습니다.

　1987년 6월 민주항쟁 당시, 12월 부정선거 의혹을 제기하던 순간, 그리고 정권이 바뀐 뒤 의문사 진상규명을 요구하는 자리, 요한은 늘 그 곳에 서 있었습니다.

서울 한복판에서
마주한 씨돌

그곳으로 다가갈수록 그의 목소리는 떨리기 시작했습니다. 바로 앞에 멈춰 서자, 그의 눈시울이 붉어졌습니다. 우리와 인터뷰를 하면서 연신 눈물을 훔쳐내는 고진광 씨. 그는 씨돌을 안다고 했습니다. 강원도 정선 봉화치에서 삼십 년간 자연인으로 살다가 사라진 씨돌의 흔적을 마주한 곳은 뜻밖에도 서울 한복판이었습니다.

서울 서초구 서초동, 고진광 씨가 씨돌을 만난 곳이기도 한 이곳에서 고 씨는 왜 눈물을 흘린 걸까요? 지금은 최고급 아파트가 들어선 이곳은 씨돌과 고 씨가 만났던 1995년 6월 29일 당시, 끔찍한 비극의 현장이었습니다. 무려 오백두 명의 사망자와 구백서른일곱 명의 부상자 그리고 여섯 명의 실종자를 낸 사상 최악의 인재, 삼풍백화점 붕괴 사고 현장입니다.

그날, 고진광 씨는 퇴근 후 집에서 TV를 보며 저녁식사를 하는 중이었다고 합니다. 그때 화면 하단에 '국민 여러분, 지금 구조장비가 있으면 서울 삼풍백화점으로 와주십시오'라는 긴급한 메시지가 자막으로 나타났습니다. 고 씨는 앞뒤 잴 것 없이 곧바로 집을 나섰습니다. 지하 사층 지상 오층의 당시 전국에서 두 번째로 큰 백화점 건물이 눈앞에서 사라져버렸습니다. 처참하게 무너져내린 현장은 차라리 지옥이었다고 합니다.

고진광 씨처럼 방송을 보고 각종 전문 장비부터 망치와 곡괭이를 들고 달려온 시민들이 모여들기 시작했습니다. 어디서부터 손을 써야 할지 모르는 상황에 여기저기서 살려달라는 처절한 외침이 들려오자, 민간구조대원들은 정신없이 구조작업을 펼치기 시작합니다. 고진광 씨는 B동 지하 이층 구역에서 소위 토끼굴처럼 좁게 난 통로를 따라 무너진 구조물들을 치워 내려가고 있었습니다.

씨돌을 만난 건 사고 다음 날인 6월 30일이었습니다. 조금 늦었다며 송구해하던 그는 강원도에서 출발하느라 시간이 걸렸다면서, 늦었지만 자신도 도움이 되고 싶어서 찾아왔다고 했습니다. 배낭에 각종 농기구를 넣어온 그는 고진광 씨와 다른 민간 구조대원들과 함께 백화점 건물 B동의 지하 이층으로 내려가 구조작업을 벌였다고 합니다. 아무것도 보이지 않는 어둠 속에서 뿌옇게 날리는 먼지에 눈이 따갑고 목이 멥니다. 6월 말의 무더위를 견뎌가면서 무너져 내린 구조물들을 치워나가기 시작했습니다.

고진광 씨는 씨돌을 유독 눈물이 많았던 사람으로 기억합니다. 구조작업을 펼치는 내내 눈물이 멈추지 않았다는 것입니다. 언제 또다시 건물이 무너져 내릴지 모르는 불안한 상황에서도 민간구조대원들은 자신의 안전과 목숨을 챙길 여유도, 잠시 숨을 돌릴 새도 없이 작업을 이어나갔습니다. 한데 뒤엉켜 있는 시신들을 무사히 수습해 가족에게 인도하는 것, 희미하게나마 숨을 쉬고 있는 생존자를 한 사람이라도 더 찾아서 안전하게 구조하는 것이 이들의 소망이자 목표였습니다.

고진광 씨는 씨돌이 의협심이 강한 사람이라고 말합니다. 함께 구조 작업을 벌이던 중, 고씨와 씨돌은 한 젊은 여성의 시신을 발견했습니다. 두 사람을 눈물짓게 한 건, 임산부인 고인이 마지막 순간까지도 두 팔로 복부를 감싸 안은 채 태아를 보호하고 있는 모습이었다고 합니다.

문제는 고인의 한쪽 다리였습니다. 무너져 내린 구조물에 다리가 끼여 움직일 수가 없었고, 다리를 절단하는 것 외에는 시신을 수습할 방법이 없었던 것입니다. 구조대원들은 고민 끝에, 안타깝지만 시신의 다리 부위를 절단하는 쪽으로 의견을 모아가고 있었습니다. 이에 강하게 반대하고 나선 사람이 바로 씨돌이었습니다. 무조건 온전한 모습으로 태아와 엄마의 시신을 가족에게 인도해야 한다며, 혼자 장비를 들고 현장으로 들어갔다는 것입니다.

고진광 씨는 씨돌이 잠시도 쉬지 않고 고인의 다리를 짓누르는 구조물을 해체하는 모습을 곁에서 지켜봤습니다. 그리고 만 하루 뒤, 씨돌은 예비 엄마의 시신을 온전한 모습으로 수습하는 데 성공

했고, 유족에게 무사히 인도했다고 합니다.

살려달라는 사람들의 절규는 시간이 갈수록 잦아들었습니다. 며칠이 지나자 지하에서는 바스락거리는 소리조차 들리지 않았습니다. 그런데 씨돌이 지하 이층에서 함께 작업하던 동료들을 향해 소리쳤습니다.

"여기 생존자가 있다!"

그의 말은 사실이었습니다. 붕괴 사고 나흘째 되던 날이었습니다.

"이분이 지금 뭐가 제일 눈에 선하냐면
순수해 보이는 사람이 구조현장에서는 굉장히
강하게 매달려서 목숨 걸고 했어요."

고진광 (삼풍백화점 붕괴 사고 민간구조단장)

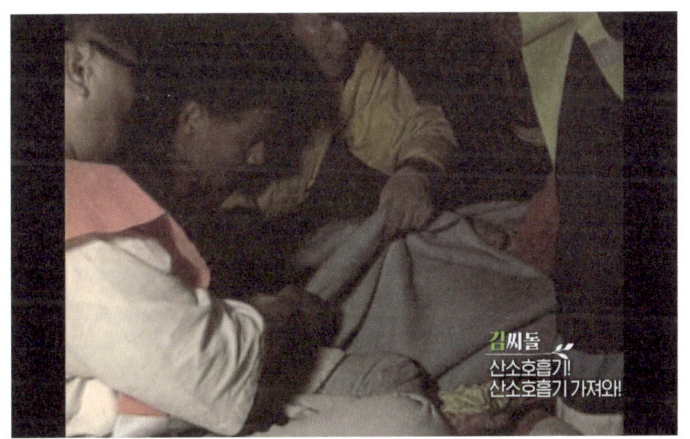

구조 작업을 돕기 위해
전국에서 사람들이 몰려왔습니다.

생명을 살리겠다는 일념으로 모인
평범한 사람들이었습니다.

한 사람이라도
더 살리기 위해

22세 여성.

사고 발생 나흘째, 씨돌이 구조해낸 생존자입니다. 그런데 꺼져 가던 생명을 구했다는 기쁨도 잠시, 구조된 여성은 병원으로 이송된 지 불과 몇 시간 만에 사망하고 맙니다. 씨돌과 동료들은 조금만 더 빨리 구조해서 보다 빨리 병원으로 이송해 치료했다면 그녀를 살릴 수 있을 거라고 생각했습니다.

당시 발행된 신문기사에 그의 흔적이 남아 있지는 않을까? 우리는 삼풍백화점 붕괴사고를 보도한 기사들을 모조리 찾아보았습니다. 단서는 백화점 B동, 지하 이층, 그리고 22살의 생존 여성을 구조해낸 사람. 우리의 예상대로, 씨돌의 기사 아니, 당시의 구조작업에 대한 씨돌의 칼럼을 발견할 수 있었습니다. 열악했던 인명구조 체계에 개탄한 그가 사고 희생자들의 죽음에 애도를 표하고, 사상 최악의 참사를 발생시킨 책임자들을 엄벌해야 한다는 내용을 담은 편지를 써서 신문사에 보낸 것입니다.

정선 봉화치 마을에 있는 씨돌의 빈집에서도 우리는 낡은 편지 한 통을 발견한 적이 있습니다. 서울시 소방본부장의 직인이 찍힌 편지인데, 보낸 날짜가 1995년 7월 10일로 표시된 것으로 보아서 붕괴 사고에 대한 수습작업이 한창이던 당시에 작성된 편지임이 분명합니다.

편지의 내용은 "이미 장비들이 모두 현장에 투입된 상황인 데다가, 씨돌이 구조작업을 벌인 지하 이층은 공간이 매우 협소해 구조 장비를 사용할 수 없는 환경이었다"는 해명이었습니다. "안타까운 참사를 막기 위해 인명구조 시스템을 정비하겠다"는 약속이 있기도 했습니다. 내용으로 미루어 짐작하건대 씨돌이 참사 직후, 당시 서울시 소방본부장에게 생존자 구조 당시 장비가 지원되지 않은 이유에 대해 따져 묻는 편지를 보낸 것으로 보입니다.

재난 구조 시스템을 개선해야 한다는
씨돌 아저씨의 호소에
당시 서울소방본부장이
대책 마련을 약속하는
답장을 보내오기도 했습니다.

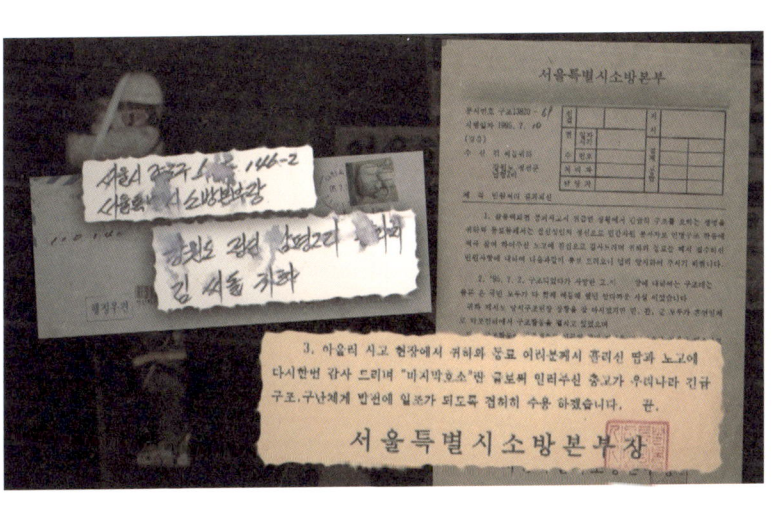

고진광 씨 역시 당시 구조작업을 벌이는 동안 답답하고 화가 났던 기억을 떠올립니다. 안전장비도 제대로 갖추지 못한 채, 한 사람의 생명이라도 더 구하기 위해 자신의 목숨을 담보로 뛰어들었던 민간구조대원들. 숨을 고를 틈도 없이 작업을 이어가다가도 중단을 해야 하는 순간이 여러 차례 왔다고 합니다. 정계 인사나 고위직 공무원들이 현장 시찰을 명목으로 오면 작업을 중단하고 그들과 기념촬영을 하거나, 그들의 모습이 사진과 영상에 잘 담기도록 구조작업 현장에서 잠시 철수를 해 대기를 해야 했다는 것입니다. 한시가 급한 마당에 기득권의 기념사진 촬영을 위해 손을 놓아야 했던 민간구조대원들은 분노할 수밖에 없었습니다.

고진광 씨는 삼풍백화점 붕괴 현장에서 보낸 며칠 간의 경험은 그에게도 상처로 남았다고 말합니다. 캄캄한 지하에서 들려오던 살려달라는 목소리가 아직도 귓가에 울려 퍼진다고 합니다. 한 사람이라도 더 살려내지 못했다는 죄책감은 이십 사년이 지난 지금도 민간구조대원들의 어깨를 무겁게 합니다. 실제로 아직도 정신적인 고통에 시달리는 동료들도 있다고 합니다. 희생자들 대부분이 이십대 초반의 젊은이였는데, 백화점에서 아르바이트를 하다가 참변을 당한 청년들이었습니다.

국민들은 살신성인의 자세로 사고 현장을 수습한 민간구조대원들에게 존경의 박수를 보냈습니다. 그들은 생명을 구하겠다는 의지 하나로, 전국 각지에서 찾아온 평범한 시민이었습니다. 구조인력도, 구조장비도 턱없이 부족했던 당시 현장에서 이들의 활약은 빛이 났습니다. 언론에서도 이들을 주목했고 각종 인터뷰 의뢰가 들어왔습니다.

고진광 씨는 한 시사주간지에 난 민간구조대원들의 인터뷰 기사를 우리에게 보여줍니다. 그런데 민간구조대원들이 한자리에 모여 있는 사진 속에 어쩐 일인지 씨돌이 보이지 않습니다. 고 씨는 그가 인터뷰 현장에 함께 있었지만 인터뷰는 물론 사진 촬영도 거절했다고 합니다. 그리고 씨돌은 물러서서 그 길로 조용히 사라졌다고 합니다. 그게 민간구조대원 씨돌의 마지막 모습이었습니다.

억울한 젊은 넋들에 가슴 무너지는 슬픔

□ 이○○씨 생존확인 '삽공'자원봉사 김씨돌씨 편지

김씨돌

잠시 교대시간에 너무나 억울한 젊은 넋들의 유언을 이 피로 쓴다. 동료대원들의 이름으로—.
김씨돌/강원도 화천군 북산면 남면마디

씨돌 아저씨는
사고 희생자의 죽음을 애도하고,
책임자를 처벌해야 한다는
내용의 편지를
언론사에 보내기도 했습니다.

씨돌은 요한이었다

　민간구조대원으로 서울에서 구조작업을 벌였던 씨돌은 1차 수습작업을 마무리하고 민간구조대가 해체되면서 다시 봉화치 마을로 돌아왔습니다. 마을 사람들에게 자신이 어디서 무엇을 하다 오는 길인지 알리지 않은 채, 조용히 다시 봉화치의 자연인이 되었습니다. 그래서 마을 주민들은 씨돌이 삼풍 백화점에서 구조활동을 하고 돌아왔다고는 짐작조차 하지 못했다고 합니다.

　봉화치 마을 주민이자 씨돌의 절친인 옥희 할머니는 씨돌이 이따금 며칠 동안 집을 비우곤 했던 것을 기억합니다. 처음에는 그가 어디 갔는지, 혹시 봉화치를 아주 떠난 것인지 궁금하기도 하고 며칠이 지나도 돌아오지 않아 걱정스럽기도 했는데, 이런 일이 자주 있다 보니 나중에는 그러려니 했다는 것입니다. 자신의 행선지를 시시콜콜하게 이야기하는 성격이 아니다 보니 옥희 할머니도 어디 볼일이 있어 다녀온 것으로 여기고 별 신경을 안 썼다고 합니다.

씨돌이 삼풍백화점 붕괴 현장에서 구조작업을 펼쳤던 영웅 중 한 사람이라는 것을 안 옥희 할머니와 주민들은 놀라워하면서도 씨돌이라면 충분히 가능한 일이라고 입을 모읍니다. 봉화치에서 야생동물은 물론 나무 한 그루, 꽃 한 송이도 귀히 여기는 모습을 봐온 데다가, 그가 불의를 참지 못하는 성격이라는 것을 잘 알기 때문에 씨돌이라면 참사의 현장에 누구보다 먼저 뛰어나갔을 거라고 말합니다.

"그날도 이렇게 비가 내렸는데…….”

삼풍참사 희생자 추모비 앞에서 헌화를 하고 묵념을 하던 고진광 씨가 중얼거리듯 나지막이 말합니다. 추모비에 새겨진 오백두 명의 희생자 이름 위로 빗물이 흘러내립니다. 그 이름들을 하나하나 바라보던 고진광 씨는 구조를 애타게 기다리던 잔뜩 겁먹은 눈동자들이 생각나 이곳에 올 때마다 마음이 아려온다고 합니다. 고 씨는 참사의 후유증 때문에 고통을 겪고 있지만, 다시 과거로 돌아가더라도 구조작업을 하러 현장으로 나길 기리고 단호하게 말합니다.

이십사 년 전 구조작업 이후 씨돌을 만나지도, 그의 소식을 듣지도 못했다는 고진광 씨에게, 우리는 씨돌의 사진들을 보여주었습니다. 높은 콧날과 날카로운 눈빛 그리고 웃는 모습이 자신이 기억하는 모습 그대로라며 웃어 보입니다. 강원도 정선 봉화치의 자연인 씨돌로 살아왔다는 근황을 들려주자, 고진광 씨가 고개를 갸우뚱합니다. 자신이 기억하는 이름은 씨돌이 아니라는 것입니다. 묻어두었던 기억을 더듬던 고진광 씨가 그의 이름을 떠올립니다.

"요한! 천주교 이름 있잖아요, 요한이. 그렇게 불렀던 것 같아요. 요한 씨는 어떻게 지내시는지, 많이 늙었겠다."

삼풍백화점 참사 현장에서

생명을 구하기 위해 애썼던

자연인 씨돌은

자식을 잃은 부모님들의
지팡이이자 방패가 돼주었으며,
정연관 상병의 죽음에 대한 진실을 밝혀낸

청년 요한이었습니다.

4장

세 개의 이름에 담긴
세 개의 초상

"김용현 님은 우측 반신마비에 언어장애로 소통이 안 되는 상황이시고요. 안타깝지만 뇌는 더 이상의 회복을 기대하기 힘듭니다." (손병철 교수/신경외과 전문의)

청년 요한이자 자연인 씨돌 그리고 용현을 만난 곳은 뜻밖에도 한 대학병원이었습니다. 병상에 누워 있는 그는 두 발로 걸을 수도, 자유롭게 말을 할 수도 없었습니다. 그가 세상과 소통하는 유일한 방법은 왼손을 통해서입니다.

"말씀이 어눌하니까 글로 대신하죠. 원래 오른손잡이셨는데, 왼손으로 쓰다 보니 많이 힘드시죠. 초등학교 한 1학년 수준의 글씨 정도밖에 안 돼요. 그렇게라도 쓰셔서 꼭 뭔가를 알리고 싶어 하는 그런 마음이 있는 거 같아요."
(맹봉주/사회복지사)

세 개의 이름으로 살아온 남자 '용현'은 어떻게 '요한'의 삶을 살게 된 걸까요?

"누가 하라고 해서 한 것이 아니라, 탄압이 워낙 심한 상황 속에서 용현 씨 같은 사람은 소위 말하면 사명감을 가지고 천주교라는 문을 두드렸던 것이죠."
(서경원/13대 국회의원, 농민운동가)

"도와주는 게 자기 사명이라고 생각하고, 약자를 돕는 일을 사명처럼 여기고 살았어요. 우리를 돕겠다고 그렇게 자기 몸을 내던지고 했던 그런 사람으로……. 기억이 아니고 얘기를 해보니까 그래요." (장남수/故 장현구 열사 아버지)

약자를 돕는 일을 사명으로 아는 사람, 그는 '용현'이라는 본명을 숨기고 '요한'이라는 세례명을 갖고 거리로 나섭니다. 요한의 이름으로, 그는 한울삶의 부모들을 도와 의문사 진상규명 운동에 투신합니다. 그런데 어느 날, 뜻밖의 소식이 전해집니다.

"저한테 전화가 왔어요. 요한 씨가 ○○병원에 입원을 했노라고. 김승훈 신부님이 그러시더라고, 강원도 정선에 내가 연락을 해놓을 테니까 나더러 같이 요한 씨 하고 이야기해서 거기를 보내면 좋겠다고요." (윤순녀/노동운동가)

"김승훈 신부한테 확인했죠. 네가 내려가라고 해서 왔다는데 김요한이라는 사람 본 적 있느냐 해서 맞다고 자기가 보냈다고, 괜찮다고 그런 사람이니까 잘 봐주라고 하더라고." (신현봉 신부/원주교구 원로사제)

신현봉 신부와 함께 생활하며 노신부의 일을 거들던 요한은, 신현봉 신부가 부임지를 옮기게 되면서 강원도 정선에 홀로 남게 됩니다. 그것이 '요한'을 '씨돌'로 바꾸는 계기가 됩니다.

"산초 뿌린 데 향이 기가 막혀. 약초 덩어리가 황금 덩어리야, 황금 덩어리. 하~ 냄새 맡아봐. 달여 잡수는 거야. 이게 대자연의 신비죠. 실뿌리 하나 다치면 안 돼요. 실뿌리 하나 다치면 안 된다고." (김씨돌/2012년 인터뷰 중)

작은 생명 하나라도 아끼고 사랑하는 자연인 '씨돌'은 '용현'이 있었기에, 그리고 '요한'이 있었기에 가능했던 이름입니다.

씨돌은 봉화치에서 생활하는 동안 글을 쓰기도 했습니다. 마을 사람들은 그가 늦은 밤까지 방에 틀어 앉아 무언가를 쓰는 모습을 자주 보았다고 합니다.

"모르지 난, 무슨 글인지는. 책이 두께가 이만한데. 하루는 그 책을 가져와서는 세 장만 남으면 다 쓴다고, 이 세 장만 보여주더라고. 세 장만 쓰면 다 쓴대." (배옥희/봉화치 마을 주민)

"어디 가시느냐고 물으면 우체국에 이거를 부치러 간다고. 무슨 원고를 만날 가지고 우체국에 가서 부치고 이랬어요. 원고지 같은 거 있잖아요. 글을 써서 쭉 이래 보여주고, 넣어가 짊어지고 내려가고 그랬어요." (송재갑/봉화치 마을 주민)

"이 양반의 글을 한마디로 말하면 산중일기입니다. 원고지 앞뒤, 편지 또는 갱지 사방에다 쓰셔서 도저히 뭐 (책으로) 할 수가 없어요. 그래서 저도 처음엔 포기했다가, 마음을 뿌리칠 수 없었어요." (장종권 시인/출판사 대표)

예상치 못한 곳에서 만나다

2016년 6월, 용현이 서울의 한 대학병원으로 긴급 이송돼왔습니다. 당시 의식이 없는 상태였다고 합니다. MRI 촬영 결과, 용현의 뇌 속에서 출혈의 흔적이 발견됐습니다. 대뇌 안, 제일 깊은 부위에 있는 시상핵은 몸의 감각, 다시 말해 운동신경과 언어신경을 관장합니다. 이 자리에 약 사 센티미터 정도 크기의 출혈이 생긴 것입니다. 용현의 수술을 집도한 주치의는 시상핵의 사 센티미터 출혈은 세 명 중 한 명이 사망할 정도로 위중한 상황이고, 살아난다 하더라도 삼 분의 일의 경우 혼수상태에서 깨어나지 못한다고 합니다.

의료진은 두개골에 손톱 크기만 한 구멍을 내고, 출혈 부위에 튜

브를 넣은 뒤 혈액을 제거하는 수술을 했습니다. 그리고 일주일 뒤, 다행히도 용현은 혼수상태에서 깨어났습니다.

    산속에 쓰러져 있는 그를 발견한 건, 마침 근처를 지나가던 등산객이었습니다. 빨리 신고가 된 덕분에 목숨을 건질 수 있었다고 합니다. 그런데 용현의 주치의는 외상에 의해서 생긴 뇌출혈은 아니라고 말합니다. 평소 혈압조절이 잘 안 된 것으로 보이고, 무엇보다 그가 과거 스트레스와 트라우마가 큰 환경에 놓여 있었기 때문에 그 일들이 영향을 미쳤을 것이라고 했습니다.

    기적적으로 살아났지만, 뇌출혈의 후유증은 그의 삶을 180도로 바꿔놓았습니다. 봉화치 꼭대기를 한달음에 오르내리던 그의 오른쪽 다리는 이제 더는 힘을 쓰지 못합니다. 깊은 밤마다 글을 써내려가던 그의 오른손도 돌처럼 움직이지 않습니다. 반신마비가 오는 바람에 오른쪽 팔과 다리를 쓸 수 없게 된 것입니다. 입안의 근육 운동이 원활하지 못하기 때문에 침을 삼키거나 음식물을 씹어서 넘기는 것도 쉽지 않습니다. 봉화치의 자연을 향해 '향기롭다', '고맙다', '아름답다'고 속삭이던 그의 입도 굳게 닫혔습니다. 입 안 근육에 마비가 온 탓에 말을 하는 것도 거의 불가능한 상태입니다.

    그가 자신의 의지대로 할 수 있는 기라고는 왼손과 왼쪽 다리를 움직이는 것뿐입니다. 왼손을 이용해 살아가는 방법을 터득하고, 오직 왼손으로 세상과 소통해야 합니다. 주치의는 왼손마저 퇴행하지 않도록 꾸준한 운동과 훈련이 필요하다고 강조합니다.

정선으로 돌아온 용현은 한 요양원에서 투병 및 재활치료를 받고 있습니다. 그의 담당 사회복지사 맹봉주 씨는 용현의 곁을 지키며 그가 원하는 것, 그에게 필요한 것이 무엇인지 살뜰하게 챙깁니다. 식사를 도와주고 손톱을 깎아주거나 마비가 온 팔과 다리를 주물러주기도 합니다.

맹 씨는 자신이 용현을 도와주는 것으로 보이지만 사실은 자신이 용현으로부터 배우는 게 많다고 말합니다. 왕성하게 활동을 하다가 몸을 전혀 움직일 수 없는 장애를 갖게 된 것을 인정하기 쉽지 않을 텐데, 용현은 자신의 처지를 긍정적으로 받아들이고 밝게 이겨내고 있다는 것입니다. 성격이 매우 밝아서 요양원에 있는 사람들에게 늘 먼저 웃으면서 인사하고, 무엇보다 절대 포기하지 않고 장애를 이겨내려는 의지가 매우 강해 그 모습이 감동적이라는 것입니다.

병원에서 생활하는 용현의 일상은 전보다 훨씬 단조로워졌습니다. 오전에 재활치료를 받고 지인들이 병문안을 와서 잠깐 응접실에 다녀오는 것이 아니면 줄곧 병실 안에서 지냅니다. 그렇다고 그가

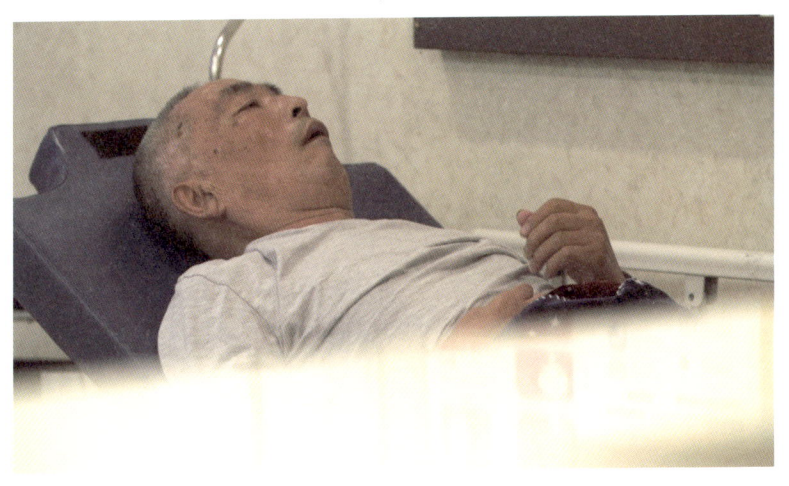

"김용현 님은 우측 반신 마비에 언어장애로
소통이 안 되는 상황이고요. 안타깝지만 뇌는
더 이상의 회복은 기대하기 힘듭니다."

손병철 (신경외과 전문의)

누워만 있는 것은 아닙니다. 꾸준히 책을 읽고 신문을 보기도 합니다. 그리고 봉화치에서 그랬던 것처럼 글 쓰는 일도 게을리하지 않습니다.

맹봉주 사회복지사가 용현의 굳은 몸을 이리저리 움직여 운동을 시켜주면서, 아침 출근길에 자신이 목격한 사람들과 거리의 꽃들 그리고 날씨에 관해 이야기를 해줍니다. 그러자 가만히 이야기를 듣고 있던 용현이 침대 시트를 일으켜 달라고 신호를 보내더니, 자신의 노트와 펜을 가져다 달라고 부탁합니다.

노트 위에 무언가를 써내려 가는 용현의 왼손에는 한 획을 긋는 것에도 온 힘이 들어갑니다. 글씨 크기도 모양도 제각각이지만 그가 하려는 말은 분명합니다.

소생이 이렇게 공기 좋은 곳에서 호강해도 되나?
죽을 반(은) 남겨야 맘이 편타.

투병 생활을 호강이라고 표현한 용현은 자신이 받기만 하는 것이 송구스러워서 식사를 다 먹지 말고 반을 남겨야겠다고 합니다. 서툴고 굼뜨지만, 미안하고 감사한 마음을 자신이 할 수 있는 유일한 방법으로 표현한 것입니다.

평생 도움을 주는 삶을 살아온 용현, 지금 그는 어쩌면 투병 생활이 아니라 도움을 받는 삶을 배워가고 있는 건지도 모르겠습니다.

용현이 요한이 된 이유

2012년, SBS <순간포착, 세상에 이런 일이>라는 프로그램을 취재하면서 정선 봉화치의 괴짜 씨돌을 처음 만났던 우리는 칠 년 뒤 용현에 대한 다큐멘터리를 제작하기로 했지만 정작 그에 대해 아는 것이 많지 않았습니다. 그에 대해 수소문을 하던 중 우리는 용현의 고등학교 동창과 연락이 닿을 수 있었습니다.

대구중앙상업고등학교(현 대구중앙고)를 함께 다녔다는 황진희 씨는 고등학교 3학년 때 용현의 뒷자리에 앉았다고 합니다. 여느 고등학생들과 달리 용현은 평소 조용하고 사색을 즐기는 학생이었다고 합니다. 친구들에게 적극적으로 말을 하기보다는 친구들의 이야기를 들어주는 쪽이었던 것입니다.

 황 씨는 앉은 자리 탓에 평소 용현의 모습을 지켜볼 일이 많았다고 합니다. 어느 날 문득 용현이 점심시간만 되면 조용히 자리에서 일어나 밖으로 나가는 것을 보게 되었습니다. 두 사람이 학교에 다니던 1970년대에는 가정 형편상 도시락을 못 싸오는 학생들이 적지 않았기 때문에 점심을 굶는 것이 특별한 일은 아니었지만, 황 씨는 용현이 조용히 교실에서 사라지는 모습이 유독 신경 쓰였다고 합니다.

 결국 황 씨는 본인의 도시락에서 한 술, 친구들의 도시락에서 한 술씩 말 그대로 십시일반 점심식사를 나누어 용현에게 건넸습니다. 용현은 고맙다는 말과 함께 친구들의 배려를 받아들였고, 그렇게 다 함께 점심을 먹게 됐습니다.

 그 뒤로 용현과 가깝게 지내게 되었는데, 졸업과 동시에 황씨가 군대에 가면서 연락이 끊겼다고 합니다. 군에서 제대한 황 씨가 용현을 수소문했지만 그의 소식을 아는 이는 없었습니다.

 사십 년이 훌쩍 지난 지금, 우리는 용현의 근황을 황 씨에게 들려주었습니다. 가만히 모교의 교정을 바라보던 황 씨가 눈물을 훔칩니다. 먹고살기 바빠서 자신의 가정을 꾸리고 이끌기 바쁘다는 이유로 친구를 까맣게 잊고 살았던 것이 못내 죄스럽고 미안하다는 그는 남을 위해서 청춘을 바친 용현을 보고 자신의 과거를 반성하게 됐다고 말합니다.

황 씨는 문득 용현이 떠오를 때마다 용현이 학창시절 책을 많이 읽고 사색을 즐겼기 때문에 문학가가 되거나, 아니면 독실한 천주교 신자였으니 사제가 되었을 거라고 생각했다고 합니다. 봉화치에서 열심히 글을 썼고, 성직자처럼 평생 남을 위해 살아왔으니 황 씨의 추측이 틀렸다고 볼 수 없을 것 같습니다.

친구 황 씨의 말대로, 용현은 독실한 천주교 신자입니다. 2012년 우리가 그를 처음 만났을 때 그의 방에는 성당을 배경으로 찍은 사진들이 걸려 있었습니다. 그중에서도 유독 눈에 띄었던 사진은 김승훈 신부와 함께 찍은 사진입니다. 이미 앞에서 언급한 바 있듯이, 故 김승훈 신부는 박종철 학생 사망 사건의 진실을 세상에 알리면서 1987년 6월 민주항쟁의 불을 지핀, 한국 현대사에서 빼놓을 수 없는 인물입니다.

용현과 김승훈 신부는 어떤 관계였던 걸까요? 사진의 배경이 된 성당은 서울 서대문구에 있는 홍제동 성당으로 김승훈 신부는 1982년 9월부터 1988년 2월까지 이곳에서 주임신부로 지냈습니다. 용현은 당시 이 성당의 신자였고 김승훈 신부가 이곳에 주임신부로 부임해오면서 두 사람의 인연이 시작되었습니다.

서울 홍제동 성당을 맡고 있는 유종만 주임신부는 당시 군사 독재 정권에서 김승훈 신부는 주요 감시 대상이자 막아야 하는 존재였다고 말합니다. 그렇기 때문에 정보과 형사들이 성당에 상주하고 있었고, 미사가 열리면 김승훈 신부가 신자들에게 어떤 말을 하는지 일일이 기록하고 김승훈 신부의 일거수일투족을 감시하고 사찰해 윗선에 보고했다고 합니다. 반정권 시위가 열리는 날이면 경찰들은 이 성당 주변을 에워싸며 동네 전체를 험악한 분위기로 몰아가기도 했습니다.

유종만 신부는 용현이 세상에 눈을 뜨는 계기를 마련해준 사람이 김승훈 신부일 거라고 추측합니다. 김승훈 신부 곁을 지키면서 성당 일을 도왔던 용현이 당시 한국 사회의 현실을 목격하고 민주화 운동에 눈을 뜨게 됐을 가능성이 크다는 것입니다. 당시 청년 신자들이 김승훈 신부를 통해 사회에 대해 새롭게 깨닫게 되는 경우가 많았습니다. 심지어 김승훈 신부를 감시하던 정보과 형사 중 한 명이 그의 미사를 듣고 감화되어 김 신부에게 세례를 받은 일도 있다고 합니다.

이 시기부터 용현은 자신의 본명을 감추고 세례명 요한이라는 일종의 가명으로 민주화 운동에 뛰어듭니다. 故 정연관 상병의 어머니인 분이 할머니를 비롯해 독재 정권에 의해 자식을 잃은 부모들의 길잡이가 되었을 때도 요한이란 이름이었습니다.

정권의 주요 감시 대상이었던
김승훈 신부의 곁을 지킨 사람이
바로, 용현이었습니다.

요한이 씨돌이 된 이유

1989년 2월, 다급한 전화였습니다. 요한이 병원에 입원했으니 빨리 와달라는 연락이었습니다. 요한과 함께 청년들의 의문사 진상 규명 운동을 했던 노동운동가 윤순녀 씨는 그가 입원해 있다는 병원으로 한달음에 달려갔습니다. 요한은 한울삶 부모 사십여 명과 일천여 명의 대학생들이 참가한 의문사 진상규명 촉구시위에 나갔다가 백골단에게 붙잡혀 매질을 심하게 당했다고 합니다.

백골단은 현재의 경찰관기동대를 부르던 말로 1980년에서 90년대 사이 시위 진압 임무를 수행한 사복경찰관들입니다. 대부분 무술 유단자나 특전사 출신으로 구성되었으며 흰색 헬멧을 쓰고 청재킷을 입고 다닌다고 하여 백골단이란 별칭이 붙었습니다. 이들은 집회나 시위가 벌어지면 작은 방패에 단봉을 들고 시위대 속으로 뛰어들어가 폭력을 행사하면서 대열을 흩뜨려 놓았습니다. 그 때문에 백골단은 시위대에게 공포를 느끼게 하는 집단이었습니다. 당시 기사를 검색해보니, 백골단에 폭행당한 사람들 명단에서 요한의 이름도 찾을 수 있었습니다.

의문사 진상규명을 촉구하는 시위현장마다 앞장서면서 부상을 당할 때가 많았지만, 입원 치료를 받을 정도로 심각했던 건 처음이었다고 합니다. 윤순녀 씨는 평소 요한을 아꼈던 김승훈 신부에게 전화를 걸어 그의 입원 사실을 알렸습니다. 시위가 있을 때마다 자신의 몸을 돌보지 않고 앞장서는 요한을 지켜봐 왔던 김승훈 신부는 고민 끝에 요한을 서울에서 멀리 떨어진 곳으로 피신시킬 계획을 세웁니다. 요한을 부탁할 곳까지 이미 알아봐 둔 후였다고 합니다.

좋은 공기를 마시며 다친 몸과 마음을 치유하기를 바랐던 걸까요. 김승훈 신부는 당시 강원도 정선에서 사목활동을 하고 있던 신현봉 신부에게 요한을 보내기로 결심합니다. 신현봉 신부는 김승훈 신부의 선배 사제로, 1970년대 독재정권 당시 시국 선언에 참여했다가 미사 도중 체포되어 옥고를 치른 경험이 있습니다.

우리는 원주의 용소막 성당에서 아흔이 넘은 원로 사제를 직접 만났습니다. 신현봉 신부는 은퇴한 원로 사제가 과거의 일을 들추는 건 옳지 않다며 처음에는 취재를 고사했지만, 며칠 뒤 요한에 대해 해줄 이야기가 있으니 만나자는 답을 보내왔습니다. 더 나은 사회를 위해 자신의 삶을 헌신한 청년이 있었다는 것을 사람들에게 알릴 필요가 있다는 판단에서입니다.

어느 날 신현봉 신부의 주소가 적힌 메모지를 들고 한 청년이 찾아왔다고 합니다. 그가 바로 요한입니다. 인사를 꾸벅하더니 김승훈 신부가 보내서 왔다고 한 요한. 신 신부는 곧바로 수화기를 들었다고 합니다. 당시 천주교 정의구현사제단은 정권에게 눈엣가시와 같은 존재였기 때문에 신분을 속이고 감시와 사찰을 하러 오는 정부 관계자들이 있었습니다. 요한을 경계할 수밖에 없었던 신현봉 신부는 김승훈 신부에게 전화를 걸어 확인을 했습니다. 김승훈 신부는 자신이 보낸 청년이니 믿고 잘 보살펴달라며 간곡히 부탁했다고 합니다. 자신도 이미 독재 정권의 탄압을 받았던 경험이 있기에, 신현봉 신부는 당시 수배 중이던 요한을 내치지 않고 기꺼이 받아주었습니다.

그는 자신의 좁은 거처에서 요한과 함께 생활했습니다. 요한은 성당 일을 돕거나 신자들이나 마을의 민원을 해결하면서 정선 생활

신현봉 신부는
자신의 좁은 거처에서
요한과 함께 생활했습니다.

에 적응해나갔습니다. 신현봉 신부는 요한을 남의 불행에 진심으로 가슴 아파하고, 남을 돕는 것을 당연하게 여기는 청년으로 기억합니다. 요한은 마을에서 도움이 필요한 사람이 확인되면 신현봉 신부에게 달려와서 성당 차원에서 도움을 줄 방법을 문의하고는 했습니다.

쉬는 시간이나 일과가 끝난 시간이면 요한은 조용히 혼자 앉아 글을 쓰며 보냈습니다. 틈틈이 글을 써서 신 신부에게 읽어봐 달라고 건네기도 했는데, 화려하게 기교를 부린 문장이 아니라 간결하고 솔직하면서 선함이 묻어나는 글을 썼다고 합니다.

요한이 정선으로 오고 삼 년 뒤, 신현봉 신부는 다른 성당으로 피정(성직자·수도자·신자들이 쇄신을 위하여 일정 기간 일상적인 생활의 모든 업무에서 벗어나 종교적 수련을 하는 것)을 가게 됩니다. 신현봉 신부는 요한에게 다시 서울로 돌아갈 의사가 있는지 물었지만 요한은 혼자 정선에 남기로 결정했습니다. 그렇게 요한은 해발 팔백 미터의 작은 마을, 봉화치로 들어가게 됩니다.

이곳에서 그는 요한이라는 이름을 묻어두고 '씨돌'이라는 이름으로 봉화치 마을의 주민이 됩니다. 왜 그의 이름이 씨돌인지는 아는 이가 없습니다. 주민 송재갑 씨는 그가 시를 쓰는 것을 좋아해서 시돌이었다가 발음의 편의상 씨돌이 된 게 아니겠느냐고 하고, 이곳의 터줏대감 옥희 할머니는 그가 씨앗을 워낙 좋아하기 때문에 씨돌이라고 이름을 지은 것이 아니겠느냐며 웃습니다.

자연인으로 사는 동안, 씨돌은 일반 사람들의 눈으로 보기에 엉뚱해 보이는 행동을 자주 해서 괴짜로 불리기도 했습니다. 주민 김선옥 씨는 씨돌이 맨발로 읍내까지 세 시간씩 걸어 다니곤 했는데, 위험하니까 신발을 꼭 챙겨 신으라고 당부하기도 하고, 적어도 양말은 신고 다니라며 선물한 적이 있다고 합니다. 그럼에도 씨돌은 맨발 차림을 포기하지 않았다고 합니다.

하루는 씨돌이 자신이 맨발로 다니는 이유에 대해 입을 열었는데, 청년 시절에 하도 많이 맞는 바람에 다리가 아파서 일부러 지압을 위해 맨발로 다닌다는 것이었습니다. 차를 타지 않고 걷는 것 역시 자연을 보호하기 위함도 있지만 동시에 다리운동을 하기 위해서이기도 했습니다.

2012년에 우리가 씨돌을 처음 만났을 때, 봉화치 산속에서 솔잎과 소나무 가지들을 주워다가 방바닥에 잔뜩 깔아놓고 그 위에서 생활하는 그의 모습을 볼 수 있었습니다. 이 역시 젊어서 온몸을 두들겨 맞는 통에 생긴 응어리를 향긋한 솔향으로 극복하려는 나름의 처방이었던 것입니다.

우리는 씨돌이 없는 봉화치를 둘러보던 중, 작은 사찰을 발견했습니다. 그곳의 스님에게 씨돌에 대해 물으니, 그가 이곳을 자주 찾아왔다고 합니다. 천주교 신자인 그가 절에는 무슨 일로 찾아간 걸까요?

수년 전 어느 날, 씨돌이 스님에게 부탁 하나를 했다고 합니다. 불교에서는 음력 7월 15일이 되면 '백중'이라고 하여 망자들의 패를 모시고 제를 올리는 행사를 하는데, 백중에 제를 올리고 싶은 사람이 있다며 매년 그를 위한 제를 지내 달라고 요청한 것입니다. 씨돌이 적어준 고인의 이름은 박종철이었습니다.

스님이 '이 사람과 어떤 관계냐'고 묻자, 씨돌은 자신이 민주화운동에 크게 관심이 없었던 사람인데, 박종철 학생의 사망 소식을 접한 뒤 가만히 있을 수가 없었다고 말했다고 합니다. 거리로 뛰쳐나와 민주화를 외치고 한울삶 부모들을 물심양면 돕게 된 계기가 바로, 박종철 열사였던 것입니다. 봉화치의 괴짜 자연인이 되어서도, 그는 청년들의 억울한 죽음을 한순간도 잊지 않았습니다.

시인이 되다

　봉화치 마을의 옥희 할머니는 이따금 씨돌이 살던 빈집에 와보곤 합니다. 한적한 산골 마을에서 씨돌과 서로 의지하며 보낸 시간이 무려 삼십 년입니다. 툇마루에 걸터앉아 그 시간을 조용히 소환해보던 할머니가 보여줄 게 있다며 집안 한쪽으로 우리를 안내합니다. 미처 다 챙기지 못한 씨돌의 물건들 가운데 빨간색 고추장 통을 꺼내 우리에게 내밉니다.

　그 안에는 연필이 한가득 들어 있는데, 한쪽으로는 이미 깎은 연필들이 가지런히 놓여 있고 그 맞은편에는 아직 깎지 않은 새 연필들이 쌓여 있습니다. 옥희 할머니는 씨돌이 햇볕이 드는 날이면 툇마루에 나와 앉아서 사각사각 연필을 깎고는 했다고 합니다. 얼마나 정성을 들여 깎았는지 뾰족하게 솟은 연필심의 모양이나 길이가 모두 똑같습니다.

이렇게 좋은 연필들을 놔두고, 씨돌은 딱 새끼손가락 길이만 한 몽당연필을 힘겹게 쥐고 글을 썼다고 합니다. 연필을 아끼고 아껴서 평생 글을 쓰려고 했던 걸까요? 씨돌이 병상에 누워 있다는 얘기에 옥희 할머니는 연필을 매만집니다.

"씨돌 아저씨, 치료받으면 좀 나아지겠지? 다시 봉화치에 올 수 있겠지?"

봉화치 사람들은 용현이 이곳에서 지내는 삼십 년간 꾸준히 글을 쓰는 모습을 봐왔습니다. 옥희 할머니는 언젠가 용현이 손으로 쓴 글 한 묶음을 어디선가 깔끔하게 타이핑한 뒤 인쇄를 해서 들고 온 적이 있다고 합니다. 집에 컴퓨터는커녕 전화기도 제대로 갖추지 않고 지냈던 그가 어떻게 문서 작업을 한 걸까요?

정선 읍내의 한 문구사에서 의문이 풀렸습니다. 이곳 주인인 김정완 씨는 용현을 잘 알고 있었습니다. 봉화치에서 읍내로 향하는 이유 중 하나가 이 문구사에 오기 위해서였다고 합니다. 이곳에 들를 때마다 노트나 연필 등 문구류를 조금씩 사 갔다는 용현은 이곳의 단골손님입니다.

그러던 어느 날, 용현이 김 씨에게 원고 뭉치를 보여주면서 이 원고들을 컴퓨터로 작업하고 싶은데 어디서 할 수 있는지 물어봤다고 합니다. 원고 양이 많아서 업체에 맡기면 돈이 많이 들 것 같았다는 김 씨는 자신이 직접 타이핑을 해주겠다며 나섰다고 합니다. 종잇값만 지불하면 인쇄까지 해주겠다고 제안했고, 손님이 뜸한 시간마다 문구사 한쪽에서 조금씩 타이핑 작업을 했다는 것입니다. 용현의 글을 모두 이해할 수는 없었지만, 글을 통해 그가 참 순수한 사람이라는 것을 알게 되었다는 김 씨는 자신의 글을 책으로 엮고 싶다던 용현의 말을 기억합니다.

용현은 자신의 원고들을 어디로 보낸 것일까요? 수소문 끝에, 우리는 인천의 한 출판사에서 용현의 원고들을 찾을 수 있었습니다. 원고지에 또박또박 써 내려간 글부터, 갑자기 시상이 떠올라 잊어버리기 전에 기록해놓으려 한 듯 달력 한구석을 찢어 알아보기 힘든 글씨체로 급하게 적어놓은 글들도 있었습니다. 또 어떤 원고지에는 글만으로는 부족했는지, 들꽃을 붙여놓기도 했습니다.

이렇게 모인 원고들은 모두 이천 페이지가 넘습니다. 출판사 대표이자 시인인 장종권 씨는 처음에는 용현의 글로 책을 내는 것을 엄두도 내지 못했다고 합니다. 글이 워낙 방대한 데다가, 필체를 알아보기가 어려워 작업하는 데 너무 많은 시간이 들기 때문입니다. 무엇보다 자신만의 독특한 표현법으로 글을 쓰다 보니, 그의 생각이나 삶을 이해하지 못하면 전혀 엉뚱한 해석이 되기 때문에 여간 까다로운 작업이 아니라는 것입니다.

그랬던 그가 이미 용현의 시들을 모아 시집을 발간했고, 우리가 만났을 때는 용현의 두 번째 시집을 준비 중이었습니다. 장종권 씨가 마음을 바꿔 용현의 책을 낸 이유는 뭘까요?

장 씨는 용현이 원고를 보낼 때마다 본인이 직접 재배한 아기자기한 채소들을 조금씩 보내거나 산불감시 활동을 하면서 받은 많지 않은 급여의 일부를 보내곤 했다고 합니다. 무엇보다 감사하다는 편지를 잊지 않고 보내주었는데, 용현의 그 정성을 도저히 뿌리칠 수가 없었다는 것입니다. 용현의 모든 글을 직접 읽고 편집한 장 씨는 용현의 글에 대해 '막 쏟아내는 글'이라고 말합니다. 하고 싶은 말을 마구 뱉어내느라 그의 글은 투박하지만 위선이나 꾸밈이 없다고 합니다.

장 씨는 용현의 글을 보면서, 시인인 본인도 반성하게 됐다고 합니다. 글을 쓰는 사람들은 독자가 어떤 글을 읽고 싶어 하는지, 어떤 글을 써야 잘 팔리는지를 고민하면서 쓰게 될 때가 많다고 합니다. 하지만 용현의 글에서는 '글을 잘 쓰겠다', '독자들이 좋아할 만한 글을 쓰겠다'는 의도 자체가 보이지 않는다고 분석합니다. 그래서 본인의 주장과 생각이 뚜렷하다는 것입니다.

문명생활에 익숙해져 버린 우리는 보지 못하고 듣지 못하는 것들을 용현은 느끼고 있는 것 같다고 설명합니다. 용현은 삼십 년간 봉화치에서 느낀 자연을 글로 표현했는데, 처음엔 낯설지만 보고 또 보고 되뇌기를 여러 차례 하다 보면 용현이 보는 자연의 모습이 느껴진다고 설명합니다. 그래서 용현의 글은 한 번 보고 덮을 게 아니라 두고두고 음미하면서 봐야 한다고 강조합니다. 용현이 글을 통해 이야기하고 싶었던 건, 자신을 치유해준 자연과 생명의 소중함이었습니다.

옥희 할머니는 용현이 어떤 글을 썼는지 궁금하다고 했습니다. 용현에게 어떤 글을 쓰느냐고 물어도 그는 말없이 웃을 뿐 절대 보여주지 않았다고 합니다. 책이 잘 팔리게 되면, 옥희 할머니에게 맛있는 걸 사주겠노라고 약속을 한 게 전부였습니다.

우리는 그의 원고들을 훑어보다가 용현이 옥희 할머니에 대해 쓴 시를 발견했습니다. 시의 제목은 <도라지 아지매>. 옥희 할머니가 도라지 농사를 지어서인지 용현은 할머니를 평소 '도라지 아지매'라고 불렀습니다.

우리는 이 시를 들고 다시 정선으로 향했습니다. 밭일에 한창이던 옥희 할머니가 흙 묻은 손으로 용현의 시를 집어듭니다.

> …도라지 아지매가 살랑살랑 솔 넘어오셨다.
> 돌능금하고 자주감자, 도라지 캐고 맛이라도 보여드려야지.
> 사람 없는 곳에 사람이 그리워서 말없이 쏟아버린 도라지.
> 도라지 아지매 옛정에 나. 옛정에 난 울었지. 울었지.
> 도라지 아지매 옛정에 나 철철 울었지…….

할머니의 눈시울이 붉어집니다. 용현에게 잘해주지도 못했는데 이렇게 자신에 대한 시를 써주어 고맙고 미안하다며 목멘 소리로 말합니다.

그가 써 내려간 글에서 가장 많이 등장하는 말은 '사랑과 평화'입니다. 사랑하는 마음으로 평화를 바라면서 봉화치의 자연과 이웃을 노래한 용현. 그래서 그의 글은 읽을수록 마음이 따뜻해집니다. 그리고 우리는 용현의 글에서 중요한 이의 이름 석 자를 발견했습니다. 그 이름은 '성연관'입니다.

용현은 비바람에 쓰러진
나무들을 줍는 일도
당연하게 여기는 법이 없습니다.

그는 나무들에게
이렇게 말하곤 했습니다.

"나무야, 미안하다."

십오 년 만의 재회

다시 포항으로 향하는 길. 故 정연관 상병의 가족에게 용현의 글을 한시라도 빨리 보여주고 싶었습니다. 정연관 상병의 형 연복 씨와 어머니께 원고를 내드리자, 글씨가 잘 보이지 않는 분이 할머니를 위해 연복 씨가 차근차근 용현의 글을 읊습니다. 그리고 그 속에서 동생의 이름을 발견합니다.

故 정연관 상병 의문사 진상(이) 조금 밝혀졌다기에 정말 얼마나 우리가 기대했던가, 얼마나 울었던가. 이제 시작입니다. 무수한 의문의 죽음이 남아 있습니다. 늘 정의는 살아 있습니다.

'이야~' 하며 탄성을 내던 연복 씨가 이내 안도하듯 한숨을 내쉽니다. 분이 할머니도 가슴속에 묻어둔 막내아들의 이름이 들리자 반가운 기색을 보입니다. 그도 그럴 것이, 형 연복 씨와 분이 할머니는 그동안 용현에 대해 오해를 하고 있었다고 합니다.

정연관 상병이 사망한 지 십칠 년 만인 2004년, 의문사 진상규명위원회가 정 상병의 사망에 대해 '의문사 인정' 결정을 내린 직후, 용현은 포항 집으로 찾아와 별다른 말 없이 분이 할머니를 꼭 안아주고는 사라진 뒤 연락을 끊어버렸습니다. 분이 할머니와 가족은 늘 함께였던 용현이 갑자기 두문불출하자 가족들에게 서운한 점이 있는 게 아닐까 염려했다고 합니다.

유족을 데리고 전국 각지를 찾아다니며 진상규명을 요구하는 목소리를 냈던 용현에게 충분한 사례를 하지 못한 것이 못내 마음에 걸렸던 가족은 혹시 그 때문에 용현이 연을 끊은 것은 아닌지 미안한 마음을 갖고 있었습니다. 심지어 몇 해 전, 우연히 TV를 보다가 자연인이 된 용현을 보고 방송사에 연락해보고 싶었지만, 다시 연락하는 것이 용현에게 부담을 주거나 폐가 될까 봐 마음을 접어두었다는 것입니다.

형편이 어려워 용돈 한 번 주지 못하고 말로만 고맙다고 한 것이

염치없게 느껴졌다는 분이 할머니와 연복 씨는, 용현이 연관을 잊지 않고 글로 기억해줘서 고맙고 미안하다고 말합니다.

    죽기 전에 용현을 꼭 한 번 다시 만나고 싶다는 분이 할머니의 이야기를 듣고 우리는 정선에 있는 용현에게 분이 할머니와 연복 씨를 만날 의사가 있는지 조심스럽게 물었습니다. 용현은 정연관 상병의 가족을 다시 만나고 싶다며 밝게 웃습니다. 헤어진 지 십오 년 만에 재회를 준비하는 우리의 마음도 설레기 시작합니다.

    며칠 뒤, 분이 할머니를 다시 찾아갔을 때 우리는 할머니의 모습이 어딘지 달라진 것을 느꼈습니다. 용현과의 만남을 앞두고 할머니가 미용실에 다녀온 것입니다. 다리가 성치 않아서 최근에는 집 밖으로 좀처럼 거동을 하지 않는다는 할머니가 모처럼 머리 손질을 하러 다녀왔다고 합니다.

    점심식사를 하고 쉬는데, 문득 오랜만에 용현을 만나는 자리인데 보기 좋게 하고 가야 할 것 같다는 생각이 들어 특별히 파마를 했다고 합니다. 집에서 가까운 미용실이 아니라 할머니는 일부러 잘한다고 소문난 미용실로 물어물어 찾아가는 정성을 들였습니다. 분이 할머니는 거울을 보며 머리를 손질하더니 이번엔 서랍 속 지갑을 열어 차곡차곡 넣어둔 지폐를 세어보고 또 세어봅니다. 용현을 만나면 맛

있는 밥을 한 끼 사주고 싶어서 챙겨둔 쌈짓돈이라고 합니다. 용현이 호떡을 참 좋아했는데, 만나면 호떡도 같이 사 먹어야겠다는 할머니는 용현에게 꼭 물어보고 싶은 게 있다고 했습니다.

그와의 재회를 앞두고 어린아이마냥 들뜬 감정을 숨기지 못하는 분이 할머니의 모습을 보면서, 우리는 용현의 현재 건강 상태를 차마 말할 수가 없었습니다. 그렇게 정선과 포항의 잠 못 이루는 밤이 깊어만 갔습니다.

지팡이가 없으면 걷는 게 불편한 분이 할머니와 건강상의 이유로 철저히 식이조절을 해야 하는 연복 씨가 용현을 만나기 위해 집을 나섰습니다. 용현이 길잡이가 되어준 덕분에 연관을 잃은 뒤 모진 세월을 살아낼 수 있었다는 분이 할머니가 차창 밖을 바라보며 혼잣말을 합니다.

"사람 사는 게 참 희한하다. 용현이 만날 때도 참 슬픈 마음으로 만났는데. 인자 만나믄 웃어질랑가 몰라. 안 웃어지지 싶으다."

포항에서 다섯 시간을 달려 드디어 정선에 도착했습니다. 용현이 투병 중인 요양원 대기실에 앉자마자 분이 할머니가 조용히 두 손을 모으고 기도를 드립니다.

ⓒ 포토그래퍼 신미식

"주님, 오늘 용현을 만나서 기분 좋게 보고 헤어지도록 도와주시옵소서. 주님, 감사합니다."

연락이 끊긴 뒤 그리워했던 지난 십오 년의 세월보다, 만남을 앞둔 지금 십 분이 왜 이리도 길게 느껴지는 걸까요. 연복 씨가 애가 타는 듯 자리에서 앉았다 일어나기를 수차례 반복합니다.

드디어 문이 열리면서 용현의 휠체어가 보입니다. 한눈에 서로 알아본 세 사람이 손을 부여잡습니다. 용현과 연복 씨는 울음을 터뜨리고 예상치 못했던 용현의 모습에 분이 할머니는 충격을 받은 듯 한동안 말을 잇지 못합니다.

분이 할머니와 연복 씨를 마주한 용현의 입에서 나온 첫 마디는 "미안해"였습니다. 연복 씨는 도리어 내가 미안하다며 용현을 끌어안습니다. 건강한 청년의 모습으로만 기억되었던 용현의 너무도 달라진 모습에 할머니는 그저 마음이 아픕니다.

"신경을 너무 써버려서 그러나, 왜 이러노? 멀쩡한 사람이 잘 걸어댕기고 건강하게 옛날처럼 댕기던 모습을 봐야 마음이 덜 아픈데. 마음이 더 아프네. 이래 이러고 있으니까."

지난 십오 년의 회한을 푸는 데는 시간이 필요했습니다. 한동안 서로의 눈물을 닦아주며 말없이 손을 잡고 있던 세 사람이 들꽃이 가득 피어 있는 뜰로 나갑니다. 연복 씨가 용현에게 노란 들꽃 한 송이를 꺾어다가 건네자, 용현이 왼손을 뻗어 그 꽃을 받아들고는 방긋 웃어 보입니다. 분이 할머니가 용현에게 꼭 묻고 싶었다는 건 무엇이었을까요?

"용현 씨, 우리 처음에 만났을 적에 무슨 맘으로 우리를 그렇게 도와주고 우리 연관이에 대해 살뜰히 알려줬나?"

용현의 입에서 어렵게 나온 말은 "가족 같아서"였습니다. 기다렸던 답변이었던 걸까요? 분이 할머니는 고개를 끄덕이며 연신 고맙다고 말합니다. 그리고 다시는 헤어지지 말자며 용현의 왼쪽 새끼손가락을 손에 겁니다. 헤어졌던 가족이 십오 년 만에 드디어 다시 만났습니다.

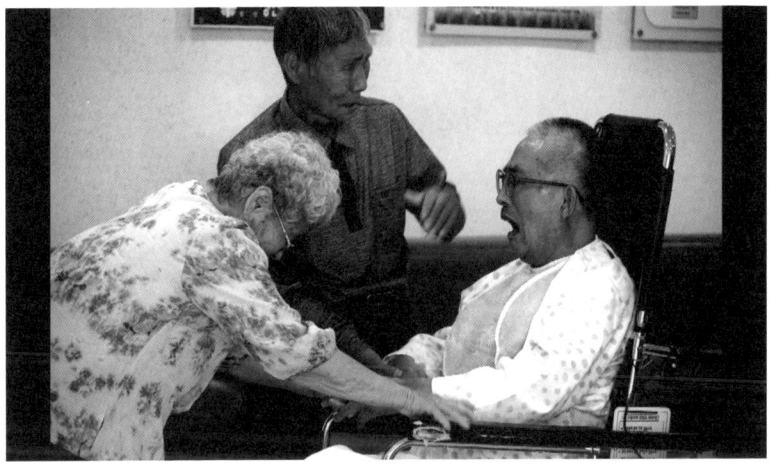

ⓒ 포토그래퍼 신미식

우리 처음에 만났을 적에
무슨 맘으로 우리를 그렇게
도와주고 살뜰히 알려줬나?

"가족 같아서."

ⓒ 포토그래퍼 시미식

인간으로서 당연한 일

우리가 용현의 삶에 주목한 이유는 처음에는 단순하게도 그가 가진 세 개의 이름 때문이었습니다. 용현에 대해 수소문을 하고 그의 주변 사람들을 만날수록 우리는 그가 참으로 신비로운 사람이라는 생각을 멈출 수가 없었습니다.

'용현'을 기억하는 사람들은 '요한'과 '씨돌'이라는 이름을 모르고, '요한'이라는 이름으로 그를 기억하는 사람들은 '용현'과 '씨돌'을 알지 못했습니다. 봉화치 사람들도 '씨돌'이라는 괴짜 자연인을 알 뿐, 그의 과거 행적을 모르고 있었습니다.

세 개의 이름처럼 세 개의 서로 다른 인생을 살았지만, 자세히 들여다보면 세 개의 이름 속에 그려진 삶은 오직 하나입니다. 본명인 용현으로 살 때나, 청년 요한으로 살 때나, 자연인 씨돌로 살 때나 자신보다 남을 위해 살아왔다는 것입니다. 그는 남을 위해 자신을 희생하고는 정작 자신의 정체를 드러내는 법이 없었습니다. 그랬기에 2012년 용현을 처음 만났을 때도 우리는 그를 제대로 알지 못했습니다. 그래서 그를 다시 만나 취재하면서 용현에게 물었습니다.

"요한, 씨돌, 용현으로 살아오는 동안 민주화 운동도 하고 삼풍백화점 붕괴사건에서 사람도 구하고 정선에서는 자연도 지키고, 그런데 그런 일들이 정작 선생님께 도움되거나 관계되는 일은 아니잖아요. 왜 그런 희생적인 삶을 사셨어요?"

우리의 질문에 용현의 왼손이 주저 없이 움직입니다. 노트 위에 거침없이 적어 내려간 말은 당시 인터뷰 현장에 있던 전 스텝들을 당황하게 했습니다. 우리는 머리를 한 대 맞기라도 한 듯, 한동안 가만히 서 있었습니다.

인간으로서 당연한 일.

인간으로서 당연한 일들을 우리는 얼마나 모른 척 지나쳤던가. 얼마나 까맣게 잊은 채 살고 있었던가. 알고도 실천하지 못하는 자신이 부끄러워지는 순간이었습니다.

우리가 용현의 고등학교 동창인 황진희 씨를 인터뷰했을 때, 그는 지금도 잊지 못하는 한 가지 일화를 들려주었습니다. 용현을 위해 자신의 도시락을 나눠주자, 며칠 뒤 용현이 황 씨에게 말을 걸어왔다고 합니다.

"우리 집에 가서 밥 먹지 않을래?"

황 씨는 처음에는 당황했지만, 반갑고 고마운 마음에 용현을 따라나섰습니다. 그런데 용현이 안내한 곳은 평범한 가정집이 아니었습니다. 똑같은 모양을 한 집들이 옹기종기 모여 마을을 이루고 있었습니다. 그중의 한 집이 용현의 집이었는데, 집 안에는 또래의 아이들부터 어린 꼬마들까지 예닐곱 명이 용현을 반겼다고 합니다. 이곳은 한 오스트리아 독지가에 의해 1949년 유럽에 처음 생긴 뒤, 1964년에 아시아에서는 처음으로 대구에 설립된 'SOS 어린이 마을'입니다. 친부모 슬하에서 자랄 수 없는 아이들을 맡아 돌보는 대안

양육시설입니다. 이곳의 특징은 결혼하지 않은 여성이 평생 미혼으로 지내면서 이곳 아이들의 어머니가 되어 어른으로 무사히 성장할 수 있도록 사랑으로 키운다는 점입니다.

어린 나이에 친부모를 잃은 용현은 열한 살에 이곳에 들어왔습니다. 용현이 어머니께 친구와 밥을 한 끼 먹고 싶다고 부탁을 하자 어머니가 정성껏 밥을 차려주셨고, 황 씨는 그 밥맛을 지금까지 잊지 못한다고 했습니다.

용현을 길러주신 어머니는 어떤 분일까요? 지난 6월 방송이 나간 뒤, 우리는 대구 'SOS 어린이 마을'을 통해 어머니 최해연 여사를 만날 수 있었습니다. 자그마한 체구에 단정하고 단아한 차림, 조용히 미소를 짓는 모습에서 용현의 얼굴이 겹쳐 보였습니다. 아들 용현에 관해 이야기를 하자 어머니는 아들 자랑부터 꺼내놓습니다. "우리 용현이 자랑 같지만, 생긴 모습이 귀공자처럼 생겼었어요."

최해연 여사는 1964년에 'SOS 어린이 마을'에 들어오자마자 열한 살 소년 용현을 첫 아이로 맞았습니다. 서로에게 처음이었던 엄마와 아들은 낯설고 서툴렀지만, 가족이라는 울타리 안에서 서로의 의지가 됐습니다.

"우리 용현이는 학교 갔다 오면 자기 자전거 다 닦아서 처마에 딱 세워놓고, 하여튼 발랐어요. 그리고 동생들, 제일 어린 애들 한 네 살, 다섯 살 먹은 애들 데리고 자전거 태워서 마을에 드라이브도 하고."

어머니는 용현이 평생 '인간으로서 당연한 일'을 해온 것에 대해서도 잘 알고 있었습니다. 큰아들 용현을 자랑스럽게 여기지만 겉으로 내색한 적은 없었습니다.

"우리 아들이 장한 일을 했다 이런 생각을 하기보다 그 어려운 환경을 도왔다는 건 누구라도 그 상황을 보면 안 도울 수 없는 일이라 생각하지. 내가 우리 아들 일이니까 너무 자랑스럽다 이런 말은 안 하죠. 안 하지만, 내 속으로 생각해요."

어머니는 은퇴할 때까지 용현을 포함해 총 스무 명의 아이들을 키워냈습니다. 미혼이었던 그녀가 평생 아이들의 엄마로 산다는 것은 쉽지 않았습니다. 그런 어머니에게 첫째 용현은 큰 의지가 되었지만 동시에 아픈 손가락이기도 합니다. 용현 아래로 열아홉 명의 동생을 키우느라 눈코 뜰 새 없는 일상을 보내다 보니, 맏이라는 이유로 용현에게 애정을 더 주지 못한 것 같다는 겁니다.

"내가 항상 기도하고 생각하면, 못난 엄마 만나서 아들이 더 잘되지 못했다. 이런 아픈 마음은 항상 있어요. 또 내 탓처럼, 내 능력 부족으로. 이런 생각을 많이 해요. 그건 나뿐만 아니라 어느 부모든 그럴 거예요. 엄마라는 단어가 얼마나 무서운 건지 몰라요. 보모로 살았으면 그렇지 않을 거예요, 엄마로 살았기 때문에."

가보지 않았던 '엄마'라는 그 길을, 어머니는 묵묵히 걸어왔습니다. 최해연 여사를 오래전부터 지켜봐 온 주변 사람들은 그녀의 헌신과 희생에 대해 잘 알고 있습니다. 스무 명의 아이를 맡아 키우느라 온몸의 관절은 성한 곳이 없지만 어머니로서의 품위와 자식에 대한 사랑을 잃지 않았습니다. 그들은 어머니의 이러한 희생이 용현에게 영향을 미쳤을 거라고 이야기합니다. 어렸을 때 어머니를 만나 도움을 받았고 자라면서 어머니의 희생을 보면서 남을 도우며 사는 삶이 용현의 몸에 자연스럽게 스며들었다는 겁니다.

용현이 자신을 희생해가며 남을 돕는 일을 해온 것은 어쩌면 그의 주변에 있는 사람들 때문은 아니었을까요? 결혼하지 않은 채, 용현과 남매들을 키우는 일에 인생을 바쳤던 어머니와 독재 정권에 굴하지 않고 쓴소리를 냈던 사제들 그리고 더 나은 미래를 만들겠다며 죽음까지 감수했던 청년들······. 그래서 용현에게 나보다 남을 위해 사는 삶은 '인간으로서 당연한 일'이었던 것일지도 모릅니다.

그저 해야 할 일을 한 것뿐이라는 답을 듣고 우리는 그와 헤어졌습니다. 자신을 위한 시간보다 남을 위해 보낸 시간이 많았던 그의 삶에서 뜨겁지 않았던 순간은 없었습니다. 이제 자신을 위해 살아갈 시간입니다. 앞으로 용현이 마주해야 할 하루하루는 도전의 연속일 테지만, 그는 분명 뜨겁게 이겨낼 것입니다.

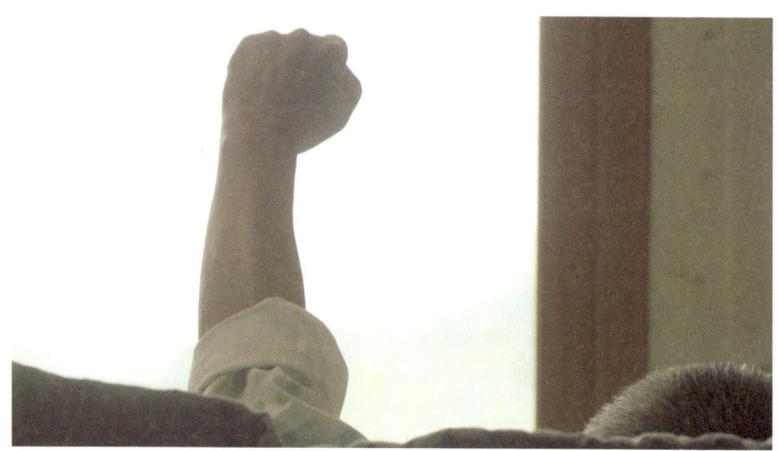

앞으로 용현이
마주해야 할 하루하루는
도전과 모험의 연속일 테지만,
그는 또다시
뜨겁게 이겨낼 겁니다.

5장

밤하늘에는
빛나지 않는 별이 더 많다

1987년 6월, 세계 언론은 대한민국을 주목하고 있었습니다. 오랫동안 이어져 온 독재 정권의 하야를 요구하고 나선 수많은 시민의 모습에 감탄했고, 무력으로 시민들을 짓밟아온 독재 정권의 마지막 순간을 지켜보고 있었습니다.

"제 이름은 사카타 마사코입니다. 남편은 그렉 데이비스이고요. <타임>이나 <라이프>와 같은 데서 사진기자로 활동했어요."

한국 사회에 관심이 많았다는 그렉 데이비스 기자는 70년대부터 한국과 일본을 오가며 판문점이나 수도 서울의 변천사 그리고 한적한 시골의 모습을 사진에 담곤 했습니다.

"학생운동이 많이 일어나던 시기예요. 곤봉도 들고 있고 상당히 난폭한 일들도 있었죠. 당시 한국의 학생들이 민주화를 위해 노력했었죠."

학생들에게 최루탄을 투척하며 폭력적으로 시위대를 진압하는 경찰의 모습부터 경찰에게 폭행을 당해 피를 흘리는 시위대들의 처참한 모습, 그리고 국가의 폭력 행위에 저항하는 여성들의 가두시위 등 혼란스러웠던 1987년의 한국 사회 모습이 그렉 데이비스 기자의 카메라에 고스란히 담겼습니다.

1987년 6월, 미국 〈타임지〉에 그렉 데이비스 기자의 사진 한 장이 실립니다. 화려하게 빛나지는 않지만 밤하늘을 수놓는 별들의 모습입니다.

"삼십이 년이라는 아주 옛날에 찍힌 이 많은 사람 중 잊힌 한 사람의 이야기인 거네요. 저는 이분이 어떤 일을 하셨는지 모르지만 매우 흥미로워요."

약 삼십 년간 사진기자로 활동하다가 2003년 세상을 떠난 그렉 기자는 사진이란 인생이라는 복잡한 것을 알기 쉽게 해주는 것으로, 역사의 기록이자 이를 통해 사색할 시간을 주는 것이라는 말을 남겼습니다.

"사진을 찍으면 그 순간뿐 아니라 그 뒤에 무엇이 있는지도 보이게 되는 것 같아요. 이 사진 한 장에도 여러 사람의 감정이 들어 있어요. 이 한 장 사진으로 알 수 있는 것이 많은 것 같아요. 다들 어떻게 지내는지 모르겠네요."

"한국에서 학생운동에 참여한 사람들은 다 어디로 갔을까 궁금했어요. 사진 속 사람들의 인생을 따라가다 보면 더 다양한 드라마가 있을 것 같아요. 몇백, 몇십만, 몇백만 명의 사람들이 있겠죠. 인생이란 그런 것이 아닐까요?"

일본에서 찾은
퍼즐의 마지막 조각

 용현의 인생을 따라 달려온 취재의 마지막 장소는 바다 건너 일본이었습니다. 동경에서 차로 네 시간 거리에 있는 한 시골 마을에서 1987년 6월의 기억을 간직하고 있는 사람을 만났습니다.

 일본에서 다큐멘터리 감독으로 일하고 있는 사카타 마사코 씨가 우리를 반깁니다. 우리가 만나고 싶었던 사람은 그녀의 남편인 그렉 데이비스 씨인데, 안타깝게도 그는 십육 년 전 병환으로 세상을 떠났다고 합니다. 그렉 데이비스는 삼십 년 넘게 아시아 지역에서 사진을 찍어온 사진작가이자 기자입니다. 베트남 전쟁에 참전해 무고한 사람들이 죽어가는 모습을 목격한 뒤로 인권과 평화 문제에 관심을 갖기 시작했다는 그는 군사 독재 정권이 장기 집권하던 시기부터 한국 사회에 주목해왔다고 합니다.

일본에서 아내와 살던 그렉 데이비스 기자는 1970년대부터 본격적으로 한국과 일본을 오가면서 뷰파인더를 통해 한국 사회의 모습을 기록해나갔습니다. 늘 긴장이 감도는 판문점의 사계절이나 서울 한강의 변화상을 기록하고 농촌의 아름다운 풍경을 담기도 했습니다.

그러던 1987년 6월, 그는 서울에 장기 숙소를 마련한 뒤 카메라 하나만을 들고 곳곳을 누비기 시작합니다. 당시 한국 사회는 이십 년 넘게 이어온 장기 군사 독재 정권이 퇴진의 기로에 놓인 격동의 시기였습니다. 서슬 퍼렇던 독재 정권에 힘없이 무너졌던 시민들은 점점 분노하기 시작했고 급기야 독재 정권의 하야를 요구하기 시작했습니다. 세계의 눈은 일촉즉발의 한국 사회를 향했고, 하루가 다르게 급변하는 한국의 모습을 기록했습니다. 그렉 데이비스 기자도 그들 중 하나였습니다.

아내 사카타 마사코 씨의 기억에 의하면, 그렉 데이비스는 한국의 독재가 끝을 보이고 있고 머지않아 막을 내릴 것이라고 굳게 믿고 있었다고 합니다. 그 마지막 순간을 자신의 두 눈으로 목격하고 오직 시민의 힘으로 민주화를 꽃피우는 역사의 현장을 사진으로 기록하고 싶어 했다는 것입니다.

1987년 6월 9일, 그렉 데이비스 기자는 연세대 정문으로 향합니다. 경찰과 연세대 학생들이 교문을 사이에 두고 대치하던 중, 경찰이 최루탄을 발사했고 이를 피해 학생들이 교정 안으로 피신하는 위험한 상황을 목격합니다. 그리고 그곳에서 이한열 학생이 경찰이 쏜 최루탄에 머리를 맞고 쓰러지는 현장을 카메라에 기록합니다.

이한열 학생의 사고 소식에, 전국의 시민들은 분노에 휩싸였습니다. 학교들은 휴교령을 내렸고 직장인들도 거리로 나섰습니다. 시민들이 들고 있던 촛불은 횃불로 바뀌었습니다. 각종 여성단체에서도 공동행동을 시작했습니다. 학생들에게 최루탄을 쏘지 말라는 대대적인 시위를 벌인 것입니다.

우리는 당시 시위 장면이 촬영된 영상 속에서 연신 셔터를 눌러대는 그렉 데이비스 기자의 모습을 찾을 수 있었습니다. 경찰이 쏘아대는 최루탄 사이를 피해 위태롭게 현장을 기록하는 그렉 데이비스 기자가 현장에서 본 것은 무엇이었을까?

사카타 마사코 씨는 남편의 유품이 보관된 창고에서 그가 가장 아꼈던 사진과 원본 필름들이 들어 있는 상자 꾸러미를 우리에게 내어줍니다. 그 안에서 찾아낸 원본 필름 한 장. 1987년 6월이라고 기록된 필름 안에는 도로 위에 빼곡하게 앉은 시민들의 모습이 들어 있습니다. 사람들이 모두 어깨를 대고 나란히 앉아 독재 정권을 물러나게 하고야 말겠다는 굳은 의지를 보여주는 장면입니다.

그 안에서 우리는 낯익은 얼굴 하나를 발견했습니다. 용현이 당시 시위에 참가했을 때 입었던 옷과 같은 복장을 한 청년이 시민대열의 제일 앞줄에 앉아 있습니다. 이 사진을 찍은 뒤, 그렉 데이비스 기자는 어디선가 날아온 돌에 맞아 큰 부상을 입었다고 합니다. 그는 치료를 받은 뒤에도 거리로 나섰고, 독재 정권이 물러나는 순간을 지켜본 뒤 한국을 떠났습니다. 기자로서 한국 현대사의 중요한 순간을 기록한다는 사명을 다 했다고 판단했기 때문입니다.

미국판 <타임지>에 실리기도 했던 시위 현장 속 시민들의 모습이 담긴 사진의 제목은 '어깨동무'입니다.

꽃을 피우기 위해서는
수많은 잔뿌리들이 있어야 하듯이,
오늘 날의 민주주의는
거리로 쏟아져 나온 시민들 덕분에
가능했습니다.

그날 어깨동무를 한 수많은 용현은,
별처럼 찬란했습니다.

어깨동무 사진 앞줄 맨 오른쪽 남색 상의와 안경, 김용현

아! 소리 없이 착한 사람들

　자연인 씨돌의 모습을 한 용현을 취재한 것을 계기로 그의 발자국을 따라오다 보니 1987년까지 거슬러 올라온 우리는 1987년 6월을 기록한 자료 속에서 '수많은 용현'을 발견했습니다.

　무고한 시민들에게 폭력을 일삼는 독재 정권을 규탄하기 위해 위험을 무릅쓰고 거리로 나섰던 뜨거운 청춘들과 이들에게 가하는 무차별적 탄압을 즉각 중지하라며 피켓을 든 채 목소리를 높였던 어머니들, 그리고 힘을 보태기 위해 하던 일을 멈추고 시위대열에 합류한 직장인들과 시위대에게 힘을 내라며 도시락을 건넸던 여고생들. 이들은 그 어떤 대가도 바라지 않았고 주목받기를 바란 것도 아

니었습니다.

　서울에서 시작된 민주항쟁은 부산으로 이어졌고, 전국 각지로 뻗어 나갔습니다. 거리로 나선 사람들은 어제보다 오늘, 오늘보다 내일이 더 살기 좋은 세상으로 만들겠다는 꿈을 가진 평범한 시민들이었습니다. 분노한 시민들 앞에 독재 정권의 군홧발은 힘을 잃었고 최루탄을 쏘는 것은 더 이상 의미가 없었습니다. 성숙한 시민의식을 바탕으로 독재 정권의 퇴진을 요구하는 사람들의 모습은 세계를 놀라게 했습니다. 그렇게 잔뿌리들이 모여 민주주의라는 꽃을 피웠습니다.

　그 주인공은 바로, 밝게 빛나는 별들만 주목하는 세상에서 빛나지도 않고 이름도 없지만 묵묵히 자리를 지키고 있었던 시민들입니다. 뜨거운 거리 위에서 헌신했던 수많은 용현의 삶은 그 어떤 별보다 찬란하고 눈부셨습니다.

　용현이 우리에게 편지를 보내왔습니다. 그 당시 함께 거리로 나섰던 시민들을 위한 시입니다.

와! 아름답다. 우와! 막 쏟아진다.

깜깜한 세상을 밝힌,
아! 소리 없이 착한 사람들.

와! 사무친 별, 꽃이여.

새벽 별 반짝이는, 인간미 넘치는
건강한 꿈나라를 엎드려 두 손 모아 비나이다.
저 별들처럼 가리지 말고 만납시다.
야호~ 야호~

그가 꿈꾼 세상을, 우리 모두가

칠 년 전, 씨돌 아저씨를 처음 만나고 교류를 이어가면서, 아저씨는 제게 한 권의 책을 선물로 준 적이 있습니다. 정식으로 출판된 책은 아니었습니다. 씨돌 아저씨가 평생의 일을 기록한 팔백 페이지에 달하는 용지를 제본 형태로 묶어 놓은 책이었습니다. 그때 저는, 씨돌 아저씨가 자신의 책이 정식으로 출판되기를 원하신다는 것을 알고 있었습니다. 그래서 아저씨가 마음속 이야기를 꾹꾹 눌러 담은 제본 형태의 두꺼운 책을 들고, 여러 해 동안 몇 번씩 파주 출판 단지의 출판사 이곳저곳을 찾았습니다. 하지만 결과는 모두 출. 판. 거. 절.

출판 되지 않는 씨돌 아저씨의 제본된 책을 오랫동안 홀로 간직하며 마음이 지치거나, 생각의 정리가 필요한 날에 몇 번씩이고 읽었습니다. 의식의 흐름으로 흘러가는 글 속엔, 너무도 낯설고 이해하기 힘든 내용도 많았습니다. '아마존 원주민과 수녀', 'P.J.C(페드로 후안카바예로)의 태권도 사범', '이구아수 폭포', '제주도 성 이시돌 목장', 'SOS 어린이 마을', '박종철·이한열·정연관', '구미 산동 골프장과 영월댐, 제주도 알뜨르 비행장 건설' 그 외에도 몹시 생경한 단어들이 앞뒤 맥락 없이 문장 속에 등장했다 사라지기를 반복했습니다. 그때는 아저씨가 쓰신 글이, 신화나 전설 같은 것이 아닐까 생각하기도 했습니다. 하지만 씨돌 아저씨에 대한 4부작 다큐멘터리 제작을 마친 지금, 아저씨 글 속의 단어들이 무엇을 의미하는 것인지 온전히 이해할 수 있게 되었습니다. 씨돌 아저씨의 삶의 무늬는 대한민국 현대사 전체와 지구 반대편에까지 새겨져 있었던 것입니다.

씨돌 아저씨가 쓴 팔백 페이지의 글을 읽을 때마다 여러 미묘한 생각들로 마음이 요동쳤습니다. 저를 만나기 전, 이십삼 년 동안 봉화치의 그 추운 겨울과 긴 밤을 보내며, 아저씨는 어떤 심정으로 살았던 것일까? 가슴이 아련해질 때도 많았습니다. 창문 하나 없는 봉화치의 쓰러져가는 집에서, 출판될 희망조차 없이 삶과 철학을 묵묵히 기록하는 한 남자의 뒷모습이 왠지 쓸쓸하게 느껴졌고, 제 능력과 기회가 된다면 그 쓸쓸한 어깨를 감싸 안아 주고 싶다는 생각을 참 많이 했습니다.

한 사람의 인생을 되짚어가는 여정이 때론 지도 없이 걷는 길처럼 고독하게 느껴졌던 적도 있었습니다. 한편으론 신화와 전설 속의 사람과 사건이라고만 생각했던 것을, 취재를 통해 실제 눈앞에 마주했던 그 감정은 평생 잊을 수 없는 보석 같은 순간이기도 했습니다.

일반적으로 지상파 방송사에서는 '창사 특집 다큐멘터리' 정도가 되어야 4부작으로 제작이 되는데, 씨돌 아저씨의 다큐멘터리는 이례적으로 4부작으로 방송되었습니다. 2019년 6월 <어디에나 있었고 어디에도 없었던 요한, 씨돌, 용현>이 2부작으로 방영된 후 같은 해 연말에 <다 하지 못한 말>로 추가 2부작을 제작하게 된 것입니다. 어찌보면 유명인이 아니었던 한 사람의 인생을 4편의 방송으로 만들 수 있게 기회를 준 SBS와 긴 여정을 함께 해준 제작 스텝 동료 선·후배들, 선뜻 내레이션에 참여해준 류수영, 박하선 배우에게 진심으로 감사하다고 말하고 싶습니다.

지난 일 년 동안 모든 정성을 다해 다큐 제작에 몰입하다 보니, 어느새 아저씨의 인생 전체를 엿본 목격자가 되었습니다. 대모험을 끝낸 후, 제겐 몇 가지 생각이 자리 잡게 되었습니다.
씨돌 아저씨는 어려움에 처한 이를 외면하지 않고 서로의 손을 잡아주는 참 세상을 소망했다는 것과 그의 꿈이 찬란히 빛나기엔 아저씨가 겪은 시대가 너무도 어둡고 야수와 같았다는 것입니다.

저는 김씨돌 이란 사람은, 사람이 꽃보다 아름다울 수 있음을 보여주신 분이라고 생각합니다. 그래서 아저씨의 인생은 그 자체로 숭고하며 마땅히 존중받아야 할 삶이라 생각합니다. 그래서일까요? 많은 분께서 씨돌 아저씨의 모습을 통해, 자신의 삶에 부끄러움을 느끼고 동시에 많은 위로를 받았다고 말씀해주셨습니다.

마지막으로 하나 더 말씀드리고 싶은 것이 있습니다. 아저씨가 한평생 지켜온 신념을 현실로 만들어 가는 것이, 씨돌 아저씨를 진정으로 응원하고 존중하는 방법이라는 것입니다.

인간으로 이 세상을 살아가면서,
인간이기 때문에 당연한 일을 작은 것부터 실천하는 것.

씨돌 아저씨를 사랑하는 모두가 책임과 의무를 갖고 아저씨가 바랐던 인간미 넘치는 세상을 함께 만들어 가면 정말 좋겠습니다. 그리하여 결국엔, 변하지 않는 한 사람의 아름다운 빛이, 캄캄한 시대의 어둠을 다정히 밝힌다는 것을 증명해 보이기를 소망합니다.

SBS 시사교양본부

이큰별 PD

Epilogue
땅속의 잔뿌리들이 있기에 꽃이 핀다

어디에나 있었고, 어디에도 없었습니다.

이 말은, 본격적인 취재를 앞두고 한울삶의 부모님들을 찾아뵈었을 때, 故 이한열 열사의 어머니이신 배은심 여사께서 용현에 대해 회상하며 해주신 말씀의 일부입니다.

의문사 진상규명을 촉구하는 시위에는 물론, 민주화 운동의 현장에 어김없이 있었던 용현은 자신을 겉으로 드러내는 법이 없었기에 결국 어디에도 없는 존재로 남아 있었습니다. 그림자처럼 숨어 있는 그의 발자국들을 찾아나서 보자는 것이 우리가 용현에 대한 다큐멘터리를 만들게 된 계기였습니다.

시작은 용현이라는 한 사람에 대한 호기심이었습니다. 남들과는 확연히 다른 방식으로 살아가는 괴짜에게 숨겨진 반전 과거가 있다는 이야기를 듣고, 대체 무슨 사연이 있는지 궁금했습니다. 그 반전이라는 것은 우리가 전혀 예상하지 못했던, 실로 엄청난 것이었습니다.

김용현이라는 한 남자의 삶을 따라왔을 뿐인데, 취재를 마치고 나니 한국 현대사라는 긴 터널을 훑고 지나왔습니다. 숨 가빴고 때론 고통스럽기도 했습니다. 파편처럼 흩어져 있는 그의 인생 한 장면, 한 장면이 진지하고 무겁기까지 해서 어떻게 풀어나가야 할지 프로그램을 제작하는 우리도 부담스러웠습니다.

특히 알려지지 않은 한 남자의 묵직한 삶을 시청자들이 어떻게 받아들여 줄지, 방송이 나가는 순간까지 끊임없이 고민했습니다. 혹시라도 방송으로 용현이 의도치 않게 피해를 입는 것은 아닌지 제작진으로서 마음을 졸이기도 했습니다. 하지만 모든 것은 기우에 불과했습니다.

'우리'보다 '나'라는 말이 당연시되고 더욱 중요해진 요즘의 일상에서 '나'도 '우리'도 아닌 '너'를 위해 청춘을 바친 용현의 이야기에 많은 시청자가 공감해주셨습니다. 우리 현대사 속에서 용현과 같이 드러나지 않는 곳에서 '우리'를 위해 싸웠던 수많은 사람이 있었다는 사실을 확인하면서 마음이 따뜻해지는 것을 느꼈다는 의견도 많았습니다. 용현을 응원하는 메시지가 게시판과 유선을 통해 수없이 전해졌고, 그를 후원하겠다는 연락도 끊이지 않고 있습니다.

제작진으로서 다행인 것은, 용현과의 연락 두절로 십오 년간 죄책감과 미안함 속에서 살아왔던 故 정연관 상병의 가족이 드디어 무거운 마음을 내려놓게 됐다는 점이고, 용현의 다소 평범하지 않은 모습을 오해한 채 색안경을 끼고 보았던 사람들에게 용현의 진짜 모습을 보여줄 수 있었다는 점입니다.

무엇보다 병상에 누워 있는 용현이 오직 자신을 위해 힘을 내어 살아갈 계기를 마련했다는 것입니다. 병원 의료진의 도움을 받는 것조차 호강이라 여기며 송구스러워하는 용현이 이번 방송을 계기로 오롯이 자신에게 집중해 건강을 회복하길 간절히 바랍니다. 그리고 눈에 띄는 별들만을 중요하게 여기는 세상에서, 눈에 띄지 않더라도 존재 자체가 소중한 별들도 주목을 받는 날이 오길 기대합니다.

잊히기를 겁내지 않았던 '요한, 씨돌, 용현'을 보다 많은 사람과 함께 기억하고 싶은 제작진의 뜻을 믿어주고 이해해주신 김용현 선생님께 감사드리며, 용현의 이야기를 책으로 남길 수 있도록 물심양면 도와주신 가나출판사 서선행 팀장님께도 감사드립니다.

故 정연관 상병의 어머니 임분이 여사와 형 정연복 님, 정선 봉화치 마을의 옥희 할머니와 주민분들께 감사의 인사를 드립니다. 십오 년 만의 만남을 기록하고 사진사용을 허락해 주신 신미식 사진작가님과 한땀 한땀 아름다운 작품을 만들어주신 은설 및 박성희 프랑스 자수 작가님, 신문 조각 속에 아저씨의 인생을 꾹꾹 눌러 담아준 남정근 조각가님의 마음 씀씀이에 감사드립니다.

오늘도 한울삶에 모여 서로의 상처를 보듬고 계실 유가협 부모님들께 감사와 존경의 마음을 전합니다.

<SBS 스페셜> 제작팀

용현은 평생을
결혼하지 않기로 서약한 엄마들이
한 가정에서 예닐곱 명의
아이들을 돌보는 SOS 어린이 마을에서
어린 시절과 청소년기를 보냈습니다.

용현은 약자를 위한
법조인을 꿈꿨으나,
고교 시절 교련반대시위
이력으로 인해
사법고시 준비를
중단할 수밖에 없었습니다.

그의 삶의 무늬는
대한민국 현대사와 지구 반대편,
파라과이 민주화 운동에까지
새겨져 있었습니다.

남을 위해서 아무 대가 없이
자기 몸을 다쳐가면서까지
저렇게 일하는 사람은
제가 가까이 본 사람 중에
요한 씨밖에 없었어요.

어디에나 있었고

어디에도 없었던

요한, 씨돌, 용현이었습니다.

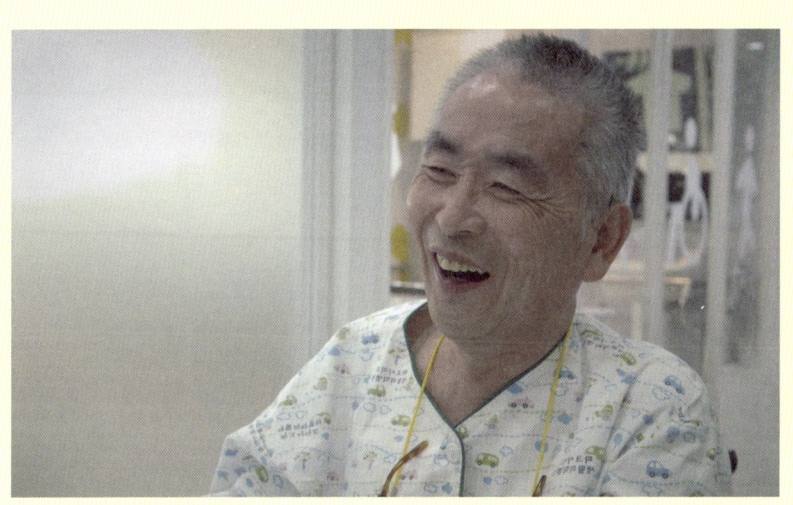

어디에나 있었고, 어디에도 없었던
요한, 씨돌, 용현

초판 1쇄 발행 2020년 1월 20일 | 초판 9쇄 발행 2024년 10월 15일

지은이 SBS 스페셜 제작팀, 이큰별, 이승미
펴낸이 김남전

편집장 유다형 | 편집 이경은 | 외주교정 이하정 | 디자인 양란희
마케팅 정상원 한웅 정용민 김건우 | 경영관리 임종열 김경미

펴낸곳 ㈜가나문화콘텐츠 | 출판 등록 2002년 2월 15일 제10-2308호
주소 경기도 고양시 덕양구 호원길 3-2
전화 02-717-5494(편집부) 02-332-7755(관리부) | 팩스 02-324-9944
홈페이지 ganapub.com | 포스트 post.naver.com/ganapub1
페이스북 facebook.com/ganapub1 | 인스타그램 instagram.com/ganapub1

ISBN 978-89-5736-041-5 (03810)

※ 책값은 뒤표지에 표시되어 있습니다.
※ 이 책의 내용을 재사용하려면 반드시 저작권자와 ㈜가나문화콘텐츠의 동의를 얻어야 합니다.
※ 잘못된 책은 구입하신 서점에서 바꾸어 드립니다.
※ '가나출판사'는 ㈜가나문화콘텐츠의 출판 브랜드입니다.

가나출판사는 당신의 소중한 투고 원고를 기다립니다. 책 출간에 대한 기획이나 원고가 있으신 분은
이메일 ganapub@naver.com으로 보내 주세요.